UBUNTU

FRANCISCO JAVIER VALBUENA RUIZ

UBUNTU
Estrategias y acciones
de Salud Planetaria

nola
EDITORES

Diseño de cubierta: Sara Sirvent
Maquetación: Ostraca Servicios editoriales
Impresión: Gómez Aparicio
Primera edición: octubre de 2024

NOLA EDITORES
Apdo. de Correos 7065
c/Palos de la Frontera, 6-10
28012 Madrid (España)
<www.nolaeditores.com>

NOLA EDITORES es un sello editorial perteneciente
a Proyectos de Difusión de Contenido, S. L.
<www.prodiko.es>

ISBN: 978-84-18164-53-8
Depósito Legal: M-24.154-2024

ÍNDICE

AGRADECIMIENTOS

Todo comienza tiempo atrás, en las interminables noches con el sonido de la muela y el agua haciendo girar el rodete. De mi abuelo Arsenio, el molinero de Almanza, hemos recibido, como auténtico legado que llega a mis hijos, el amor por las palabras. Así que, sin duda, he de comenzar mi agradecimiento por el molinero enamorado del verbo que se casó con mi abuela Pepa, la costurera que tanto me cuidó en mis primeros años de vida. Agradezco al intrépido Pepe que, tras enviudar, cruzase todo el país con sus cinco hijos y su cuchilla de zapatero hasta asentarse en Avilés; a mi añorada abuela Aurelia, que me legó la tierra asturiana e hizo posible que, desde muy niño, disfrutase del silencio de Moriana y la belleza de colaborar con la creación para recibir los frutos de la tierra... aún tengo en mis manos el olor de su tierra.

Agradezco a mi padre Santos, pilar fundamental de mi vida, que me hizo tener una visión de la vida muy práctica y pegada al terreno. De mi madre, Margot, sin duda, he recibido el compromiso, la opción preferencial por el servicio y la valentía cuando se trata de construir un mundo mejor. Gracias a mi hermana Mariló, maestra incuestionable en el amor incondicional y la ternura, que me sigue enseñando cada día.

Gracias, también, a Llaranes, el barrio donde me crié, en especial al gran grupo de jóvenes que conformamos el movimiento juvenil de aquel entonces en la parroquia del barrio. Fue mi universidad en la experimentación del compartir, del diálogo profundo y sereno, de la reflexión, pero, sobre todo, fue donde me mostraron el camino del espíritu crítico.

Gracias a Teresa Rodil que, entre otras muchas cosas, me descubrió el cuidado y la verdadera esencia de la atención a las personas. Gracias Marion Suffert, facilitadora de procesos vitales, que me diste el empujón definitivo para escribir y para tantas buenas cosas que han pasado últimamente. Gracias a Jenifer L. Johnson, que dulcemente ha ido sacando de mi terca cabeza ideas, conceptos y dulzura, para crear bonito, para intentar hacer de la ternura seña de identidad de este libro. Gracias a Ernesto Gómez por tus aportes y dedicación. Gracias a todas y todos los que a lo largo de mi vida personal y profesional, estáis presentes, me regaláis experiencias y conocimiento de cuidado, servicio y excelencia científico-técnica.

Gracias a mis hijos, Paula, Carla, Clara, Roque y Damián, que absolutamente cada día me enseñan, me forman y me ayudan a ser, a vivir y a actuar. Gracias por sus miradas, por sus sonrisas, por sus caricias y sus besos... sin duda la memoria está en los besos.

Gracias a Laura, lo más cercano al Todo.

Este libro es ante todo, una obra coral; quizás he tratado yo de poner palabras e ideas, pero de todos y en todo he ido extrayendo el conocimiento. De todos y en todo he vivido el apasionante camino de la felicidad que ha desbordado mi vida. Gracias a ti, que tienes el libro entre tus manos, ya formamos parte del mismo universo y nuestros corazones laten y latirán armoniosamente.

¡Ubuntu! Yo soy porque vosotros sois.

INTRODUCCIÓN

El libro que tienes entre tus manos está orientado a suscitar reflexión, inquietud, análisis y acción en el campo de la salud. No es un libro dedicado solo a la gestión sanitaria, aunque la aborda. No es un libro de economía de la salud, aunque la aborda. Es un libro que, partiendo de un análisis de la situación actual en el ámbito de la salud, aporta soluciones concretas, propone pasos precisos y nos da ideas específicas para modificar los parámetros asistenciales en los que estamos.

No es un libro solo para sanitarios, es un libro para inquietos, para personas interesadas en la sociedad, en la visión del mundo desde una perspectiva amplia. Es un libro sobre humanismo, pero que no se queda en la mera disertación teórica o conceptual. Es una llamada a la acción, a lo concreto.

Desde 2004 me dedico al apasionante mundo de la gestión en el ámbito de la salud, pasando de la microgestión, por la mesogestión y, últimamente, en la macrogestión, desde una pequeña clínica de especialidades, pasando por un centro hospitalario de carácter general a participar en la dirección corporativa de un grupo hospitalario.

Pero quizás lo que más ha calado en mi visión de la salud es la dimensión internacional. Desde 2017, acompaño hospitales que atienden a más de catorce millones de pacientes en Ecuador, Perú, Etiopía, Sudán, Kenia, República Democrática del Congo, Camerún y España. Algunos de estos hospitales son de frontera. De ahí que especifique los orígenes de los pacientes, no solo la ubicación geográfica del centro. Son hospitales de 1.200 camas, hospitales de 10 camas, hospitales de guerra (aunque algunas veces se empeñen en denominarlos eufemísticamente *en situación de conflicto*). Están en áreas sanitarias integradas con atención tanto primaria como especializada, redes de salud atendidas en gran parte por población indígena o miembros de tribus. Son hospitales aislados a 250 kilómetros de navegación por río. Son centros que ofrecen siempre la única posibilidad de atención. Son hospitales en los que no había agua potable o suministro eléctrico.

Todos ellos son entornos en los que vive aproximadamente el 80 por ciento de la población mundial.

La evolución de la visión de la salud ha ido cambiando a lo largo de la historia, pasando de tener el foco en la enfermedad a la salud preventiva o salud pública; de ahí a la salud global en tanto mundial. Muy recientemente, se transitó a la visión de una sola salud (*one health*) y, aún más recientemente, de la Salud Planetaria (*planetary health*). Cada paso engloba el anterior, de tal manera que no se desdice o desdeña lo previo; más bien al contrario, se incrementa el ámbito de intervención de la salud con una perspectiva cada vez más holística.

A lo largo de los años me ha tocado repetir múltiples veces la definición de salud de la Organización Mundial de la Salud (OMS) como un mantra. Aquel *estado de bienestar físico, mental y social y no la mera ausencia de enfermedad*. En base a su repetición ha ido calando en mí hasta los huesos, a la vez que se ha convertido en una razón de ser.

Esta definición es el germen de lo que hoy es la Salud Planetaria.

Te sugiero que me acompañes en la definición de este concepto sistémico para hacerlo realidad y traspasar los marcos teóricos siendo eminentemente prácticos. No querría que nos quedásemos en los aspectos más conceptuales. Pasemos a la acción. Hagamos de lo concreto un arte de practicidad.

Este libro está dirigido a ti, profesional de la salud interesado en el futuro de tu ciencia, tu arte, tu profesión, y también a ti, que estás preocupado por la sociedad en la que vives, por las organizaciones civiles y la política entendida como el trabajo por el bien común, que parte del servicio a la colectividad de la sociedad en la que estamos inmersos aquellos que tenemos más cerca; pero que, para garantizar ese bien a los cercanos, hemos de levantar la mirada y contemplar con idéntica dignidad a los lejanos, a aquellos que también forman parte de nuestra aldea global. Me dirijo a ti, que estás iniciándote en el apasionante mundo de las ciencias de la vida: biología, ecología, psicología, geología, antropología, economía, enfermería, terapia ocupacional, todas aquellas disciplinas que rodean el poliédrico ser humano. Y sí, me dirijo a ti, estimado compañero, gestor sanitario de la micro–, la meso– o la macrogestión sanitaria, que influyes de forma determinante en cómo se hacen las cosas en tu entorno de responsabilidad y que ves cómo todo está cambiando a una velocidad de vértigo. Me dirijo a todo aquel que se interpela por la realidad medioambiental, social, humana y de salud que nos toca vivir, por su presente y su futuro para que, unidad constructiva tras unidad constructiva, lleguemos a crear y participar en un edificio que sea la auténtica y genuina Salud Planetaria.

En el marco empresarial es relativamente frecuente emplear términos japoneses que resumen maravillosamente bien los conceptos amplios. Así tenemos *kaizem*, *ikigai* y otros. He querido reivindicar la filosofía africana utilizando el zulú para expresar gran parte del sentido de este libro en *ubuntu*[1]. Este término contiene el concepto de que lo colectivo constituye mi individualidad. Yo soy porque nosotros somos.

Espero que, una vez que concluyas la lectura que tienes delante, compartas conmigo qué es la esencia de la salud del presente, del futuro y de la Salud Planetaria. El título completo, *Ubuntu. Estrategias y acciones de Salud Planetaria*, lo he elegido porque este libro no es solo un marco teórico, sino una llamada a la acción concreta y específica que dibuja una estrategia de transformación, de cambio, de mejora continua.

Hace unos días, paseando por un bosque, me encontré con un espacio hermoso. A la sombra de unos imponentes árboles frondosos, longevos y con grandes ramas, apareció un jardín repleto de flores diversas. Esa diversidad hacía de aquel entorno un lugar mágico y especial. Un lugar en el que pararse, contemplar, meditar, un lugar en el que dejarse llenar.

La Salud Planetaria podría ser ese jardín que, nutrido de árboles inmensos y poderosos del conocimiento científico, a su sombra y cuidado, genera nuevos espacios de diversidad, de pensamiento y, sobre todo, de acción, una diversidad que conforma su fuerza, su esencia y su capacidad transformadora y creadora.

1
HUMANIZAR LA SALUD ES COMO HUMEDECER EL RÍO

COMO EL AGUA

La lancha partió del puerto fluvial de Coca, en la provincia oriental de Orellana, Ecuador. En aquel momento fue cuando realmente tuve la sensación de adentrarme en el mundo majestuoso de la Amazonía. Las orillas del gran Napo engalanaban el recorrido de horas interminables sobre las bravas aguas de un río que descendía cargado de agua, lo que acortaba el trayecto entre meandros, que nos llevaba hasta Nuevo Roca- fuerte, en la frontera con el Perú.

Apenas puse un pie en tierra, me encaminé al hospital Franklin Tello, donde, desde hacía más de setenta y cinco años, se atendía con los medios de los que se disponía a toda la población del contorno. Era un hospital pequeño y adaptado a las necesidades de la población, un hospital incul- turado en la selva amazónica. En el hall de entrada, había una cerbatana waorani, un remo y un largo banco de madera fabricado con una antigua canoa. El río lo era casi todo en aquel lugar. La conversación con las per- sonas que aquel día se habían acercado hasta allí para ser atendidas era animada. Una mujer mayor con su sonrisa permanente me preguntó a qué me dedicaba, qué había ido a hacer a su hospital. Le conté un poco mi trayectoria vital y profesional hasta que de mis labios salió una frase que contenía la expresión *humanización de la salud*. Me pidió que le explicara más en detalle qué significaba aquello, pero lo cierto es que poca explicación precisaba. No había dicho dos frases tratando de concretar el sentido de la expresión, cuando me espetó: «Humanizar la salud es como humedecer el río».

Para la antropóloga estadounidense Margaret Mead (1901-1978), el primer signo de civilización de la humanidad se reveló cuando apareció el cuidado. Si eres un animal y te rompes una pierna o una pata, mueres, ya que no puedes conseguir comida o acercarte al agua y mucho menos huir en caso de peligro. Ningún animal sobrevive el tiempo suficiente para que un hueso de un miembro inferior se consolide y se suelde por sí solo. La aparición del primer fémur roto curado evidenció que alguien, un individuo que estaba en plenas facultades, se quedó al lado de quien se lo rompió y lo cuidó.

Tanto mi amiga como Margaret Mead coinciden en que cuidar, hacer salud y humanidad (o civilización) están intrínsecamente unidas. No existe la una sin la otra. El río, el mar, la fuente... no se pueden humedecer, son la expresión misma de la humedad, de la presencia de agua. No se puede hacer sanidad, no se puede cuidar sin ser humano. Por lo que la expresión *humanizar la salud* carecería de sentido, puesto que no se puede hacer humana la expresión máxima de humanidad: el cuidado.

Otra cosa es cómo hacemos esta apasionante tarea de cuidar y, en muchas ocasiones, de sanar. Es cierto que, en los últimos años, se habla mucho de humanización de la salud, de atención centrada en la persona y, más recientemente, de experiencia de paciente.

ATERRIZAR LA GESTIÓN SANITARIA

Al igual que mi admirado José Carlos Bermejo, «cada vez siento mayor incomodidad al constatar que en diferentes contextos de reflexión se tiende a equiparar la humanización con el trato cálido y acogedor en las relaciones asistenciales. Casi como si lo más genuinamente humano estuviera en estas cualidades de las relaciones de ayuda. Hablar de humanización, en cambio, es mucho más comprometedor: reclama la dignidad intrínseca de todo ser humano y los derechos que de ella derivan»[1]. De hecho, se ha extendido esta acepción pobre de humanización, de tal modo que, en los entornos sociosanitarios, se ha optado principalmente por hablar de *atención centrada en la persona*. Así, Teresa Martínez Rodríguez propuso la siguiente definición: «La atención integral y centrada en la persona es la que promueve las condiciones necesarias para conseguir mejoras en todos los ámbitos de la calidad de vida y el bienestar de la persona, partiendo del respeto pleno a su dignidad y derechos, de sus intereses y preferencias y contando con su participación activa»[2].

En los entornos sanitarios, la velocidad es desigual en territorios y entre distintos prestadores sanitarios (privados, sin ánimo de lucro, concertados, públicos, empresas públicas, etc.). En muchos lugares, están trabajando intensamente por lograr una mejora en la humanización de la salud desde la perspectiva del trato cálido, acogedor, en las relaciones asistenciales y se crean puestos en los centros políticos de gestión sanitaria, de *humanización y atención al paciente*, o denominaciones similares. En otros contextos más cercanos a la hospitalización especializada en diversidad funcional, salud mental y rehabilitación, el modelo imperante es el de salud centrada en el paciente y, en los prestadores más vanguardistas, se habla de *experiencia de paciente*.

El concepto de la experiencia de paciente se desarrolló a partir del concepto de la experiencia de cliente en la década de los sesenta. No obstante, el mayor desarrollo del concepto de la experiencia de paciente se produjo a partir de los noventa con la incorporación de índices que permitían medirla y cuantificarla en muchos hospitales. A pesar de ser un elemento clave en la gestión actual de las instituciones sanitarias, no existe una definición estandarizada y las muchas que hay van evolucionando con el tiempo. La definición que asume el Beryl Institute, institución de referencia mundial en experiencia de paciente, es la siguiente:

«La experiencia de paciente es la suma de todas las interacciones, confor-
madas por la cultura de la organización que influyen en las percepciones
del paciente a lo largo del cuidado recibido», donde se entiende por *inter-*
acción todos los puntos de contacto entre las organizaciones sanitarias
y las personas, ya sean estos en persona o por diferentes canales (redes
sociales, teléfono, correo electrónico, etc.). La cultura de la organización
tiene que ver con la visión, la misión y los valores que definen a la institución que presta servicios sanitarios. Las percepciones de las personas que circunstancialmente están enfermas son todas las emociones,
las experiencias personales, los recuerdos... todo aquello que entienden
y reconocen de su vinculación con la organización que les presta asistencia. Por último, el cuidado recibido engloba todas las acciones llevadas a
cabo antes, durante y después de la vinculación de las personas con las
instituciones, por los profesionales asistenciales y no asistenciales que
hayan tenido alguna relación con ella.

Por estar más adaptada al contexto actual y sobre todo al trabajo
diario en experiencia de paciente, me inclino por la definición de Emilio
Álvarez Sierra: «La experiencia de paciente es la capacidad de las instituciones sanitarias de lograr resultados de salud. Se basa en una visión
común y continua del proceso asistencial. Se compone de altos índices de
seguridad, calidad y cuidados; y se traduce en la satisfacción del paciente,
dejando una impresión profunda y duradera que llamamos huella emocional»[3]. Cuando hablamos de resultados de salud, de búsqueda de la
salud, nos alejamos del concepto del tratamiento de la enfermedad y
nos posicionamos en la definición de salud de la OMS, a la que ya hice
referencia en la Introducción. La visión común y continua del proceso
asistencial hace referencia a la dimensión global y conjunta de todas y
cada una de las interacciones con las personas, al mismo tiempo que el
trabajo en equipo se perfila como elemento clave del proceso asistencial.
Obviamente, no hay una adecuada experiencia de paciente si no parti-
mos de unos estándares altísimos de seguridad del paciente, de calidad,
y de unos cuidados sencillamente excelentes, donde la investigación, la
adaptación a las realidades sociales y culturales, la tecnología y las premi-

sas éticas del máximo nivel son pilares de dicho proceso asistencial. Todo ello sin perder de vista la impresión emocional que generan las interacciones entre las personas y las instituciones. No hay emociones neutras, no existe una persona sin emociones generadas por la interrelación. La experiencia de paciente trasciende, va más allá de la mera satisfacción del paciente, pero la engloba. Es decir, si no hay satisfacción del paciente, no hay experiencia de paciente; pero puede haber satisfacción del paciente y no haber una adecuada experiencia de paciente. La satisfacción es eminentemente racional y subjetiva. Afecta a momentos o a la suma de ellos. Por el contrario, la experiencia tiene un componente eminentemente emocional sin perder racionalidad. Es objetivable y afecta a todo el proceso asistencial, no a los momentos puntuales o a la suma de ellos.

Además, las organizaciones sanitarias están sometidas cada vez más a la presión de demostrar cómo añaden valor a la actividad que realizan. La mejora de los resultados en salud que importan a los pacientes es clave para modificar la orientación estratégica de las organizaciones. Este nuevo enfoque se denomina atención sanitaria basada en valor, *value-based health care* (VBHC, por sus siglas en inglés). Si bien esta traducción literal ha ido evolucionando hacia *medicina basada en el valor*. Es esta una expresión que, en lugar de aportar amplitud y exactitud al concepto, tiende a reducir la prestación sanitaria al acto médico, pero no engloba toda la prestación sanitaria.

En el año 2006, los profesores Michael E. Porter[4] y Elizabeth O. Teisberg[5] publicaron el libro *Redefining Health Care: Creating Value-Based Competition on Results*[6], que planteaba la orientación de la atención sanitaria a la creación de valor para el paciente. Si bien los planteamientos de esta formulación fueron duramente criticados, los desarrollos teóricos y prácticos, el tiempo y los resultados de la implementación práctica de la VBHC han demostrado su indudable utilidad. No obstante, el gran reto consiste en establecer un método para evaluar y cuantificar los resultados en salud. Medir salud ha sido un criterio usado más en los ámbitos de la salud pública, pero con limitaciones, ya que empíricamente se sabe que la salud depende en no poca proporción del sistema de cuidados en salud y, en mayor medida, de los determinantes sociales como la educación, la situación socioeconómica o el lugar donde se reside.

Las mediciones e indicadores que habitualmente se usan para medir la eficacia y eficiencia de los servicios de salud suelen ser indicadores de producción que miden cuantitativamente procesos y no resultados (estancia media, tasa de reingresos, tiempos de accesibilidad, prescripción de genéricos, coste por proceso, etc.). Los gestores sanitarios y los políticos sanitarios somos plenamente conscientes de que esta visión limitada a la producción no nos conduce a ninguna parte y, aun así, seguimos usándola para controlar la supuesta calidad de los procesos.

Ciertamente, evaluar el valor que aportan los procesos asistenciales de las instituciones sanitarias no es tarea fácil. Medir resultados en salud de forma eficaz, objetivamente y con una facilidad que garantice la posibilidad de sostener en el tiempo dicha medición es algo que aún queda muy lejos.

Los actores que intervienen en los procesos asistenciales son muchos y tienen un peso específico muy diferente. Porter quiso poner el énfasis en los pacientes, pero lo cierto es que esa centralidad es muy difícil que se produzca cuando se propone medir el valor de la atención sanitaria como el resultado obtenido en los pacientes dividido por el coste de la atención prestada. En el valor percibido por los pacientes jamás se pondrá el coste como elemento clave. Pero, además de un bien individual, la salud es un bien colectivo puesto que la prestación de cuidados se realiza en comunidad, parte de la propia sociedad y en la mayoría de los casos se usa financiación pública, tanto para protegerla como para cuidarla. Cuando hablamos de cuidar y proteger la salud pensemos no solo en las instituciones sanitarias, sino en el hecho de que los principales determinantes de salud son sociales. El profesor sir Michael Marmot[7] ya afirmaba que «si los mayores determinantes de salud son sociales, también deben serlo los remedios»[8]. En su documento *El lado ciego de la atención médica. La conexión ignorada entre las necesidades sociales y la buena salud*, la Fundación Robert Wood Johnson afirmaba que «tú código postal es más importante para tu salud que tu código genético»[9] o, lo que es lo mismo, el mayor determinante de salud es tu código postal.

En 2008, la Comisión de Determinantes Sociales de la Salud (CDSS) de la OMS definió los determinantes sociales de la salud como «las circunstancias en que las personas nacen, crecen, viven, trabajan y envejecen, incluido el sistema de salud». Los determinantes estructurales de las desigualdades de salud adquieren una importancia capital. Entre otros, formarían parte de este tipo de determinantes sociales: el gobierno, las políticas macroeconómicas, sociales, públicas, la cultura y los valores sociales, la posición socioeconómica, la clase social, el género, la etnia, la ocupación, el nivel educativo o la capacidad de generación de ingresos. El adjetivo *estructurales* recalca la no conductualidad de estos determinantes sociales en la generación de las inequidades sociales en materia de salud. No es lo mismo *estilos de vida* que *condiciones de vida*.

En todos los modelos, hay un concepto subyacente que permanece de forma latente en todo su desarrollo: la dignidad del ser humano. El concepto de dignidad del ser humano conecta directamente con el mismo concepto de persona. No podemos hablar de atención centrada en la persona o de humanismo o de humanidad sin tener clara la dignidad del ser y el valor absoluto de la persona. Si bien las personas tienen una vida que les pertenece solo a ellas, que es personal e intransferible, necesitan salir de sí y trascender hacia los otros para desarrollarse plenamente. Las personas precisan salir de sí mismas y hacerse don para los demás si quieren realizarse. Somos en tanto en cuanto nos donamos a quienes nos rodean. Lo que en zulú se denomina *ubuntu*: yo soy porque nosotros somos. Es un concepto que enfatiza el sentido de fraternidad como base sobre la que aparece el concepto de persona y, por ende, de dignidad.

Es precisamente en el modelo de medicina basada en el valor donde la dignidad de la persona podría verse más entredicha al primar el valor general o social sobre el valor individual de la persona. En la base de la economía está la asunción de que los recursos son limitados. Pero cuando de lo que hablamos es de la aplicación de esos recursos para salvar vidas la situación adquiere un cariz ético que en otros contextos no percibimos de una manera tan explícita (aunque también pueda existir). Dos matices requieren nuestra reflexión: por un lado, el concepto de *valor percibido* y, por otro lado, el hecho de que para los gestores sanitarios el valor en el que más hincapié se hace es el de la eficiencia o el coste-eficiencia de los recursos, que se ajusta a un presupuesto dado y unos objetivos asistenciales.

Por contraposición lógica, cuando hablamos de *valor percibido* también hablamos de *valor no percibido*. Si en la operación para medir el valor de una intervención incorporamos una capacidad de percibir mermada por condicionantes físicos, psicológicos, culturales o sociales, el valor final de la intervención asistencial será sin duda mucho más bajo que en el caso de la percepción de valor que tiene el paciente.

¿Cuánto vale una vida? Para incorporar la evaluación económica en la toma de decisiones sanitarias debemos conocer la cantidad máxima de dinero que se considera adecuado invertir para lograr la supervivencia de una persona en un rango razonable de calidad de vida. Es decir, debemos conocer el umbral de coste-eficiencia de la inversión realizada en el cuidado de una persona. Habría dos perspectivas sobre lo que ese umbral debería representar: por un lado, el dinero que directamente invierte la sociedad para lograr unos beneficios en salud y, por otro, el coste de oportunidad que supone invertir en los cuidados de una persona en relación a los resultados que se podrían conseguir y la inversión de ese dinero en otra cosa, por ejemplo, en tecnología sanitaria; es decir, las pérdidas en salud que se pueden generar a la población cuando no se invierte en tecnología o en investigación al destinar el dinero al cuidado de personas.

La medida que se usa para valorar la inversión en salud es el *año de vida ajustado por calidad* (AVAC). El AVAC es una unidad de medida de utilidad, es decir, está especialmente creada para poder medir la inversión entendida como los años ganados con calidad, combinados con los años de vida ganados o perdidos respecto a un determinado estado de salud, generando una expectativa de vida de los años que le quedan al individuo dado por un valor relativo que debe ser constante, que dependerá de las características del paciente.

El cálculo del coste por AVAC requiere la estimación del efecto que el gasto sanitario público tiene sobre la salud de la población en términos de esperanza y calidad de vida. La estimación de dicho efecto es compleja, tanto por problemas de disponibilidad de información como por la naturaleza de la relación entre ambas variables.

A pesar de todas las dificultades, en el Sistema Nacional de Sanidad de España se recomienda utilizar un rango de entre 20 000 y 25 000 euros por año de vida ajustado por calidad como umbral de coste-efectividad. Como es fácil de imaginar, este importe varía según los países, las zonas geográficas e incluso basándose exclusivamente en el presupuesto del que se disponga.

Cuando cursaba mi máster en Administración Sanitaria en la Escuela Nacional de Sanidad en Madrid, uno de mis compañeros, de treinta y cinco años de edad, enfermó de cáncer. La última vez que asistió a clase nos aportó su especial visión del análisis de inversión sanitaria y de la medicina basada en el valor. Fue una jornada que a todos nos marcó de por vida. Los números son más fáciles de hacer cuando no tienes unos ojos húmedos hablándote de lo que supone un año más de vida.

LA DIMENSIÓN HUMANISTA DE LA GESTIÓN SANITARIA

El propósito es determinante en las organizaciones. La vinculación al fin último al que dedicamos nuestros esfuerzos y esmeros profesionales resultan determinantes de la forma en que orientamos nuestro desempeño profesional. El profesor Howard Gardner no se cansa de repetir como un mantra que «una mala persona no llega nunca a ser buen profesional». De igual forma, estar alineado plenamente con el propósito de la organización es determinante en la motivación, la perspectiva y la implicación de las personas en la compañía.

¿Cuál es nuestro propósito? Cuando nos dedicamos o nos queremos dedicar a la gestión sanitaria, a determinar las condiciones de salud de un amplio colectivo de personas, en ese preciso momento en el que tomamos la decisión debemos saber que, además de los conocimientos técnicos, debemos tomar una decisión: ¿cómo queremos hacerlo? No es lo mismo hacer gestión sanitaria desde una perspectiva exclusiva de la maximización del ebitda (acrónimo del inglés *earnings before interest, taxes, depreciation and amortization*), que muestra el beneficio de nuestra empresa antes de restar los intereses que tenemos que pagar por la deuda contraída, los impuestos propios de nuestro negocio, las depreciaciones por su deterioro y la amortización de las inversiones realizadas, que hacer gestión sanitaria desde una perspectiva humanista, aunque esta incluya la legítima búsqueda de los beneficios cuando nos encontremos en una institución mercantil. No es lo mismo tener un dios que se llama presupuesto y una obsesión por la reducción del gasto que garantizar la sostenibilidad de un sistema desde una perspectiva humanista, aun teniendo que gestionar la escasez.

Al igual que nos resulta imposible definir el concepto de *persona* y solo podemos llegar a señalar características, no nos queda otra alternativa que referirnos a características descriptivas cuando se habla de gestión sanitaria humanista. Con una definición correríamos el riesgo de limitar el análisis del humanismo. Por eso es preferible optar por sistemas abiertos que no excluyan la posibilidad de añadir o complementar el concepto, siempre dinámico, de gestión sanitaria humanista. La gestión sanitaria humanista la tenemos que construir diariamente.

Propongo diecinueve características descriptivas, siempre desde esa inacabada definición que tiene la necesidad de una construcción diaria, de una gestión sanitaria humanista:

- En femenino
- Inclusiva
- Multicultural
- Que cuide con equidad
- Accesible a todos por igual
- Verde
- Responsable
- Que cuide y respete la dignidad
- Dimensionada a escala humana

- Innovadora y creativa
- Organizativamente sistémica y con las personas en el centro
- Atenta a la salud de las cinco pes
- Que garantice sostenibilidad (no todo gratis para todos)
- Holística
- De absoluta seguridad y profesionalidad
- Diversificada en cuanto a profesiones sanitarias y garantes de la salud
- Que ponga en valor el desarrollo profesional de los agentes implicados en el cuidado de las personas
- Para toda la sociedad, no solo para los enfermos
- Viva

En la descripción de las características, el orden no tiene nada que ver con la importancia; es fruto de aportar una estructura lógica en la enumeración. La importancia de estas características varía en función de las circunstancias en las que se tengan que desarrollar en cada momento y lugar. Veamos en detalle estas características de la gestión sanitaria humanista.

En femenino

La sanidad está extensamente feminizada: más del 70 por ciento de los profesionales de la salud son mujeres, pero solo el 30 por ciento de los puestos directivos están en manos de mujeres. Esta es una realidad que se ha de cambiar radicalmente y ajustar, cuando menos, al volumen total de mujeres profesionales. No se trata de forzar o reivindicar nada, se trata de justicia elemental. Las organizaciones sanitarias deben realizar un esfuerzo organizativo importante para eliminar los techos de cristal y absolutamente todas aquellas barreras (algunas de ellas pueden estar incluso fuera del entorno laboral, como, por ejemplo, las que tienen que ver con la conciliación familiar y profesional) que pudieran frenar el desarrollo profesional íntegro de las mujeres. La aportación del inmenso talento desaprovechado hoy en día será un elemento clave para abordar un cambio que la prestación sanitaria debe abordar inexcusablemente en los próximos años: un cambio respetuoso con todo lo que se ha venido haciendo bien, pero también radical y sin miedos frente al futuro que está por venir.

Inclusiva

En demasiadas ocasiones hay personas que se nos quedan atrás. Son colectivos que, por diversos motivos, seguramente involuntarios, los grandes números nos impiden visualizar, que no por ser menores en número lo son en derecho a nuestra acción gestora. Me estoy refiriendo a la inclusión como pilar fundamental de los servicios sanitarios. Atender a la diversidad funcional o discapacidad en todas sus expresiones —física, mental, intelectual, sensorial y múltiple— requiere una mirada decidida para garantizar la misma sanidad para todas y todos. Las barreras que hemos de eliminar no deben ser solo físicas; muchas veces las barreras son invisibles. Tienen más que ver con los comportamientos o con una visión endógena de nuestra propia actividad. Generar textos de lectura fácil o adaptados para la diversidad funcional cognitiva es, entre otras, una gran oportunidad de mejora. Las miles y millones de personas con discapacidad deben ser también protagonistas independientes de los sistemas sanitarios.

La definición de *fragilidad* desde un punto de vista médico está aún en debate, aunque en demasiadas ocasiones se usa de forma genérica y vinculada casi siempre a personas de edad avanzada. Así, se puede afirmar que solo el 40 por ciento de los mayores de ochenta años tienen fragilidad. La fragilidad se ha definido según diferentes autores como un estado en el que acontece una disminución en la capacidad de realizar importantes actividades de la vida diaria, como un estado que origina un riesgo de inestabilidad, como una pérdida de complejidad en la dinámica de reposo o como una alteración que conlleva la pérdida de fuerza muscular, movilidad, equilibrio y resistencia. La definición más aceptada actualmente de «estado fisiológico de aumento de vulnerabilidad a estresores como resultado de una disminución o desregulación de las reservas fisiológicas de múltiples sistemas fisiológicos que origina dificultad para mantener la homeostasis»[10] es tan clara como inespecífica.

En cualquier caso, la atención a la fragilidad requiere una apuesta decidida por las actividades que la prevengan y tratar enfermedades ocultas. En gran medida, la sostenibilidad de cualquier sistema sanitario va a tener como elemento primordial la forma de abordar la fragilidad, pues las repercusiones sobre el coste del sistema sanitario son de dimensiones inconmensurables.

Hace poco asistí al maravilloso espectáculo «Género imposible» de la artista Silvia Pérez Cruz[11], en el que reivindicaba la vulnerabilidad como un derecho, como una realidad y también como una oportunidad de crecimiento de las personas. Somos vulnerables, ¡y de qué manera! Pero, cuando la acepción que usamos es la de vulnerabilidad social, debemos referirnos a dos componentes explicativos según las investigaciones de Cruz Roja[12]: por una parte, a la inseguridad y la indefensión que experimentan las comunidades, grupos, familias e individuos en sus condiciones de vida a consecuencia del impacto provocado por algún tipo de evento natural, económico y social de carácter traumático; por otra, al manejo de recursos y a las estrategias que utilizan las comunidades, grupos, familias y personas para afrontar sus efectos.

La gestión sanitaria inclusiva atiende de forma especial, es decir, adaptada a sus necesidades, a la vulnerabilidad tanto social como a aquella con la que nos encontramos en seres heridos, dañados, lastimados (moral o emocionalmente).

De la vulnerabilidad a la exclusión social hay un paso, pero ese paso es de dimensiones catastróficas para las personas, para la sociedad que la genera y para los servicios sanitarios que tratan de dar soluciones a las necesidades de salud. La dignificación de las personas es tan importante como los tratamientos a los que son sometidas. La integración de pleno derecho en la sociedad de aquellos que por diversos motivos (muchas veces vinculados a la misma enfermedad) han quedado excluidos de los habituales circuitos sociales es tarea prioritaria de una gestión humanista de la sanidad. No por buenismo, no por imperativo legal, sino por pura justicia, por pura coherencia con el valor absoluto de la persona y la preservación íntegra de su dignidad constitutiva que, como hemos dicho, es inherente a la mera existencia.

Las personas institucionalizadas tienen unas condiciones muy especiales que se han de tener en cuenta en la gestión sanitaria. No hay más que echar la vista atrás y ver la situación en los centros de mayores, las cárceles o los centros de internamiento para inmigrantes durante la pandemia de la COVID-19. Esta evidenció hasta qué punto la gestión sanitaria ha estado de espaldas a su realidad dejando relativamente fuera del sistema de protección a miles de ciudadanos con los que la sociedad en su conjunto y las instituciones sanitarias en particular tienen una responsabilidad.

La normalización del uso de residencias para personas mayores ha hecho que no tomemos plena conciencia de que es una institucionalización y, a pesar de que durante la pandemia fueron noticia permanente en los medios de comunicación, pronto se ha olvidado y poco o nada ha cambiado en nuestra forma de gestionar la institucionalización de personas en los ambientes sanitarios.

Por las características de la pirámide poblacional de Occidente, la población está envejeciendo y el envejecimiento suele venir acompañado de merma o pérdida de capacidades. Asimismo, la mera cronificación de las enfermedades supone una merma de capacidades en muchas ocasiones. Sin tener situaciones de discapacidad o diversidad funcional, se produce una minoración de nuestras capacidades funcionales. Si a esto le sumamos la mayor dificultad para adaptarse a unos cambios tecnológicos que muchas veces, bajo la falsa imagen de modernidad, vulnera derechos fundamentales y priva de independencia a quienes antes la tenían, la realidad que nosotros mismos nos estamos construyendo para un futuro más que cercano dista mucho de una gestión humanista de la prestación sanitaria. Gestionar para todas y todos, hacer que las personas mayores sean independientes el mayor tiempo posible y dotar al sistema de herramientas para garantizar que se adapten a los diferentes ritmos, capacidades funcionales y vigilar sobremanera el respeto permanente a la dignidad son retos importantes para nuestros gestores sanitarios. La infantilización de los mayores, la falta de respeto a su intimidad y su pudor, presuponer que no tienen capacidad de decisión, los excesos verbales, muchas veces pretendidamente cariñosos (*abuelo*, *vida*, *cariño*, incluidos los diminutivos...), otras veces el habla en un tono de voz muy elevado cuando se tiene delante a una persona de edad avanzada... todos estos comportamientos están tremendamente arraigados en nuestras instituciones sanitarias. Eliminarlos es una prioridad y una necesidad que no se puede demorar.

En el año 2017, el Reino Unido creó el Ministerio de la Soledad para dar respuesta a una realidad imparable en Occidente. Cada vez más personas se encuentran en situación de soledad no deseada a lo largo de toda la edad adulta, aunque por sus efectos es más terrible en las personas mayores. Esta circunstancia tiene importantes consecuencias en el ámbito de la gestión sanitaria y no se tiene en cuenta. Las afecciones de salud mental en estas circunstancias son sustancialmente más elevadas y no solo eso, sino que todo lo relacionado con el autocuidado y la adherencia terapéutica se ve sensiblemente dañado. Si a todo lo antedicho añadimos circunstancias de enfermedad grave o enfermos terminales, la circunstancia de la soledad es aún más determinante en la salud de las personas. Una gestión humanista tiene en cuenta estas circunstancias para garantizar los mejores cuidados y la eliminación de este importante condicionante social de la salud de las personas. No podemos mirar hacia otro lado y dejar pasar esta circunstancia en las instituciones sanitarias aduciendo que no es de nuestra competencia. Todo aquello que influye en la generación de valor en nuestra intervención asistencial, todo aquello que incide en la salud integral de las personas es de nuestra incumbencia.

Multicultural

No es objeto de este texto valorar la globalización, pero está totalmente claro que el mundo en estos momentos es multicultural. De hecho, el destino ha querido que escriba estas líneas desde Gondar (Etiopía), donde estoy participando en un proyecto de cooperación internacional con la Fundación Pondera. Este proyecto consiste en el diseño de un nuevo hospital materno-infantil con capacidad para realizar nada menos que 73 000 partos anuales. Es un ejemplo más que evidente de que la multiculturalidad está y se extiende en absolutamente todos los estratos de la gestión sanitaria. Nuestros hospitales están repletos de profesionales con diferentes culturas y orígenes. Las personas que acuden a recibir nuestros cuidados tienen cada vez orígenes más diversos con entornos culturales muy diferentes al nuestro (sea cual sea el nuestro). Las instituciones sanitarias deben ser eficientes. No son entornos en los que hacer política o instaurar herramientas de integración cultural; deben preservar la salud de todas y todos de la forma más eficiente posible, por lo que la planificación sanitaria debe ceñirse a la dimensión multicultural del entorno en el que nos encontramos. Los mediadores culturales sanitarios con capacidad de gestionar de forma adecuada la prestación sanitaria de colectivos que muchas veces nos quedan lejos de nuestro conocimiento deben ser una realidad. No debemos dar por sentado que todo se tiene que hacer como nosotros estamos acostumbrados a hacerlo o como hemos visto que se hace en nuestro entorno. Las diferentes culturas acometen de diferente forma (la mayoría de las veces ni mejor ni peor que en Occidente, solo de forma diferente) muchísimos aspectos que tienen relación con la salud: el nacimiento, la muerte, la salud reproductiva, la salud de la mujer, la salud del hombre, la alimentación, la higiene, la educación, el descanso... Pero la gestión ha de ser también multicultural, no es tarea solo de un tipo de profesional de la prestación sanitaria. La multiculturalidad ha de ser transversal en la organización.

Que cuide con equidad

Cuando hablamos de sanidad, una de las palabras que más se oye es *equidad*. Se ansía como una quimera.

En el *Diccionario de la Real Academia* (DRAE) se define *equidad* como:

- Igualdad de ánimo.
- Disposición del ánimo que mueve a dar a cada uno lo que se merece.

Para el Ministerio de Sanidad de España, la equidad en salud «es alcanzar que las personas puedan desarrollar su máximo potencial de salud, independientemente de su posición social u otras circunstancias determinadas por factores sociales. La equidad en salud implica que los recursos sean asignados según necesidad»[13].

La conexión entre el concepto de equidad y de dignidad es importantísimo, ya que fruto de la dignidad de todo ser humano nace la equidad como herramienta práctica para sustentar dicha dignidad. Lo que de una forma práctica significa, por ejemplo, que una persona que viva en el mismo centro de Barcelona tenga derecho exactamente al mismo servicio sanitario que una persona que viva en una aldea de la montaña: misma cualificación profesional del equipo que la atiende, mismos equipos tecnológicos, mismos tiempos de respuesta ante emergencias, misma accesibilidad a todas las prestaciones, etc. No eso, sino que aplicaríamos el mismo criterio para otros aspectos que pudieran influir en las posibilidades de acceso a la prestación sanitaria, como puede ser el entorno socioeconómico, la diversidad cultural, la discapacidad o diversidad funcional. Parafraseando a la RAE, «dar a cada uno lo que se merece», donde *merecer* es intrínseco a la dignidad humana; es decir, cualquier ciudadano se merece el todo por el mero hecho de su condición de persona.

La equidad es, no obstante, poliédrica y son muchas las caras desde las que nos podemos acercar a ella. Podemos tener una visión amplia o más reducida, podemos pensar en la importancia de la equidad dentro de nuestro propio territorio, de nuestro estado, o podemos ampliar el concepto de equidad a espacios supranacionales e incluso planetarios. Podemos pensar la equidad para un colectivo social determinado, por ejemplo, trabajadores y familiares beneficiarios, o pensar en una sanidad universal dentro de un estado.

Además, la equidad supone un reto constante en las instituciones sanitarias porque se trata de un derecho irrenunciable de las personas y, por consiguiente, debe ser objeto de especial protección por parte de los gestores sanitarios. Todas las decisiones deben tener un componente claro de equidad. No se puede gestionar la salud de unos pocos en detrimento de otros, aunque estos últimos sean una minoría. No hay nadie prescindible en la ética de la gestión sanitaria humanista.

Accesible a todos por igual

Si bien la accesibilidad forma parte del concepto de equidad, considero que, por su vital importancia, precisa un epígrafe específico. La accesibilidad a la sanidad es un derecho fundamental de las personas que tiene una gran amplitud de factores que lo determinan. En el entorno occidental, la accesibilidad de las personas de edad avanzada se está viendo cuando menos coartada con el uso de la tecnología casi como único medio de acceso al sistema sanitario. Todos los trámites administrativos y de entrada en el sistema se facilitan por medios telemáticos, pero se dificultan considerablemente en persona, por lo que o eres una ciudadana o un ciudadano con unas competencias tecnológicas adecuadas o te quedas fuera del sistema. Es paradójico que precisamente se lo pongamos más difícil a quienes más necesitan las prestaciones sanitarias.

La accesibilidad de los jóvenes también tiene serias dificultades. En su caso lo que falta es cultura organizacional de los servicios sanitarios. Literalmente no saben cómo funciona el sistema. Por consiguiente, ante la dificultad de acceso, muchas veces solo usan las redes sociales como lugar donde encontrar consejos de salud o incluso diagnósticos y tratamientos.

Las personas con diversidad funcional se encuentran una vez más con infinidad de barreras de acceso a los servicios sanitarios y el cuidado de su salud. Es una falta de accesibilidad que repercute directamente sobre sus condiciones de salud y las predispone a un mayor deterioro físico y mental en relación con la población general. La multiculturalidad, las barreras idiomáticas, el desconocimiento de servicios y del acceso a ellos también dificultan sustancialmente las cosas.

Pero no olvidemos que las largas listas de espera, en ocasiones incluso para acceder a la atención primaria, son una barrera de acceso que también tienen una repercusión directa, ya no solo sobre la situación de salud de toda la población, sino incluso sobre la esperanza de vida en ciertos territorios. Que llegue a afectar a enfermedades graves que incluso comprometan la supervivencia es un síntoma inequívoco de que la dificultad de acceso en enfermedades banales es de dimensiones inconmensurables. Hay enfermedades que no comprometen la supervivencia aunque supongan un deterioro importantísimo de la calidad de vida y que se acumulan sin respuesta en los sistemas sanitarios. Esto también es falta de accesibilidad.

Por último, no quisiera dejar de mencionar a los millones y millones de personas como tú y como yo que no tienen acceso a una prestación sanitaria elemental. Hay entornos en los que un médico general atiende a medio millón de personas, donde un especialista en oncología cubre una población de diez millones de personas, hospitales sin agua corriente o luz eléctrica... Incluso por razones egoístas, para garantizar nuestra propia seguridad, el desarrollo del concepto de salud para todos debería ser un elemento transversal en todas las políticas sanitarias. Las pandemias no se erradican en los grandes hospitales occidentales, las pandemias se controlan y se gestionan en los pequeños centros de salud de territorios especialmente vulnerables.

Nuestro servicio asistencial más débil es nuestro servicio asistencial más fuerte. Esta frase, que repito incesantemente cuando me toca hablar sobre la situación sanitaria en algunos países especialmente vulnerables, trata de condensar una idea básica de medicina preventiva: la mejor solución siempre es erradicar la posible enfermedad en el origen. Por ejemplo, si tenemos entornos asistenciales ineficaces en la gestión de un brote de ébola o de COVID-19, estas enfermedades se extenderán por el orbe sin respetar fronteras o sistemas nacionales de sanidad avanzados. Por el contrario, si dotamos de herramientas adecuadas (formativas, de gestión, tecnológicas, instrumental básico, etc.) para una buena prestación sanitaria a los entornos asistenciales de esos territorios especialmente vulnerables, consolidaremos esos servicios asistenciales, les daremos la fuerza necesaria para garantizar la salud no solo de sus conciudadanos, sino de todas las personas del planeta.

Verde

Si el sector de la salud fuese un país, sería el quinto emisor de CO_2 más grande del planeta. Este dato abrumador nos da una idea de la importancia de un cambio sustancial en la forma de ver nuestra propia acción encaminada a la preservación de la salud como una acción generadora de insalubridad. Las consecuencias brutales del cambio climático sobre la salud de las personas deben estar en el programa de los responsables sanitarios. Iniciativas como la categoría de Ashikaga-Nikken Excellence Award for Green Hospitals de los International Awards 2021 de la International Hospital Federation o la plataforma Sanidad #PorElClima suponen pasos importantísimos en la percepción de la importancia de trabajar por la salud de las personas sin deteriorar el medio ambiente en el que viven esas personas. El principio básico de la ética médica de no-maleficiencia o, lo que es lo mismo, que cualquier acto médico debe pretender en primer lugar no hacer daño alguno de manera directa o indirecta, debería hacernos reflexionar sobre cómo estamos desarrollando la prestación sanitaria.

No se puede pensar en una sanidad del siglo XXI que ejerza una presión sobre el medio ambiente, que no busque en el entorno natural un aliado y no solo una fuente de recursos con una mentalidad extractiva e irrespetuosa. La gestión sanitaria humanista amplía la visión de los procesos que mejoran o garantizan la salud de las personas incorporando conceptos como el *shinrin-yoku* del Dr. Qing Li, inmunólogo, presidente de la Sociedad Japonesa de Medicina Forestal, gran investigador de los beneficios de los baños de bosque sobre la salud o la relación importantísima de la mejora en salud y la relación con la naturaleza. Los sistemas sanitarios más avanzados ya están incorporando la prescripción de baños de bosque o la implantación de zonas de hospitalización en los bosques que forman parte importante de la terapia aplicada a las personas que circunstancialmente están enfermas.

Responsable

La agenda 2030 y los Objetivos de Desarrollo Sostenible (ODS) de las Naciones Unidas son un elemento transversal en todas las organizaciones y en toda la sociedad. Algunos sectores no los comparten. Son sectores minoritarios que siempre hubo. De hecho, los hay que aún no comparten la Declaración Universal de los Derechos Humanos. Los ODS son una herramienta al servicio de las instituciones sanitarias, un faro que marca el camino a seguir para que, de forma eficaz y eficiente, se integren totalmente en el camino que está haciendo toda la sociedad hacia un mundo más adecuado para la existencia humana. Sin duda, la gestión humanista de la sanidad tiene dentro de su estrategia nuclear los ODS. Lo que no siempre está muy claro es cómo bajarlos a tierra, cómo impulsarlos de forma práctica y en el día a día de las instituciones. No son suficientes las acciones puntuales o ir reaccionando al ritmo de los días mundiales de...

Que cuide y respete la dignidad

El valor absoluto y la dignidad intrínseca de la persona se traducen a nivel jurídico-social en la existencia de los derechos humanos. Estos tienen dos dimensiones: derechos objetivos y derechos subjetivos. Los primeros son objeto de cuidado e impulso por parte de los Estados. Entre ellos, está el derecho a la vivienda, a la educación o a la sanidad. Los segundos no son concesiones de los Estados, sino exigencias que dimanan del mero hecho de ser persona y los Estados deben reconocerlos. Entre ellos, está el derecho a la intimidad, la libertad de expresión o la libertad religiosa.

La dignidad de la persona es constitutiva, es decir, solo depende de la existencia, no de la capacidad de ejercitar determinadas cualidades. Se es persona o no se es persona, no se puede ser más o menos persona.

Nadie puede utilizarla como medio para alcanzar sus intereses puesto que esto significaría cosificar a la persona y prescindir de su carácter personal. La dignidad, pues, no puede ser instrumentalizada. Esta idea se debe a Kant[14], que señalaba que el ser humano «existe como fin en sí mismo, no meramente como medio para uso caprichoso de esta o aquella voluntad... Los seres racionales se denominan personas porque su naturaleza ya los señala como fines en sí mismos, es decir, como algo que no puede ser usado como medio»[15].

La dignidad de las personas las hace insustituibles. Nadie puede ser sustituido. Esto se pone de manifiesto especialmente en las relaciones en las que el amor tiene un papel importante.

Las instituciones sanitarias en su conjunto somos grandes violadores de los derechos humanos, evidentemente no de forma consciente, no de forma deliberada, pero sí de forma efectiva. Son muchos los derechos que se ven cuestionados o condicionados de forma considerable cuando una persona ingresa, por ejemplo, en un centro hospitalario. El cuidado de la dignidad humana en situaciones de especial vulnerabilidad de dicha dignidad es tarea ineludible de absolutamente todas las personas que están vinculadas a la prestación sanitaria, sean o no sanitarios, sean o no responsables o gestores. El valor absoluto de la persona significa que es un valor no manipulable o sustituible por nada, no intercambiable. La gestión sanitaria solo puede reconocer, respetar y promover la dignidad del ser humano, teniendo en cuenta que lo importante son las personas, cada persona concreta e individual, y no las abstracciones.

Restamos dignidad cuando tratamos sin respeto a las personas, cuando ridiculizamos los comportamientos de quienes tienen sus capacidades mermadas. Restamos dignidad cuando dotamos de camisones que se abren por detrás dejando al descubierto nuestra intimidad, restamos dignidad cuando entramos en las habitaciones hospitalarias sin pedir permiso, cuando nos dirigimos a las personas mayores como si tuvieran siempre discapacidad cognitiva o cuando las infantilizamos. Restamos dignidad cuando hablamos de nuestras cosas en presencia de las personas que han puesto en nuestras manos profesionales su bien más preciado: su salud, cuando hablamos de banalidades como si no hubiera nadie más en la habitación mientras aseamos o prestamos cualquier cuidado. Restamos dignidad cuando obviamos la decisión compartida sobre el plan de tratamiento de una enfermedad, cuando reducimos el tiempo de consulta hasta el punto de que muchas personas son incapaces de expresar adecuadamente sus síntomas o sencillamente lo que necesitan expresar. Restamos dignidad cuando no miramos a los ojos a las personas, cuando ligamos dignidad a la capacidad para ejercitar cualidades. Restamos dignidad cuando no respetamos la dimensión trascendente de cada ser humano y sus ritmos para confrontar las realidades que les toca vivir. Restamos dignidad cuando miramos para otro lado ante situaciones escandalosas de falta de equidad en la accesibilidad a la prestación sanitaria.

Debemos estar mucho más vigilantes a la promoción, el reconocimiento y el respeto a la dignidad de las personas a las que servimos, estén estas en un proceso de enfermedad o no.

Dimensionada a escala humana

Patricio Martínez[16], arquitecto especializado en instalaciones sanitarias, considera que el hospital del futuro es inteligente (mejora el diagnóstico y la gestión), es autosuficiente (genera tanto o más de lo que gasta), es saludable (respeta la salud del planeta y de las personas), es humanizado (ofrece bienestar a todas las personas), es paramétrico (se adapta al cambio gracias a su polivalencia), está en red (nos atiende en cualquier lugar) y es *cyborg* (incorpora la medicina genómica, ingeniería robótica y supercomputación entre sus servicios básicos).

Al mismo tiempo, la realidad es que en general se tiende a cerrar hospitales de pequeño y mediano tamaño y, en su lugar, se construyen megahospitales (se cierran dos o tres y en una zona más o menos equidistante se construye el nuevo).

Técnicamente hablando, se sabe hace ya muchos años que los megahospitales son grandísimas bolsas de ineficiencia a todos los niveles, tanto en el ámbito industrial (ineficiencia energética, ineficiencia en las instalaciones, ineficiencia tecnológica, etc.), como en el ámbito organizacional (liderazgo, propósito, sentimiento de pertenencia, equipo, etc.), como en el ámbito asistencial (gestión de recursos diagnósticos, de bloques quirúrgicos, de áreas específicas). Los megahospitales por definición son obsoletos ya el día de su inauguración, puesto que los ciclos en la sanidad son de un máximo de cuatro años. En cuatro años cambia la tecnología, cambian los estándares de tratamiento, cambia la realidad y el contexto, cambia el perfil de los profesionales. El tiempo medio de construcción de un hospital es de cinco años. Si sumamos el tiempo de diseño y planificación nos iríamos a más de siete u ocho años. Esta es la razón por la que un megahospital ya es obsoleto cuando se inaugura.

Además de obsoleto e ineficiente, supone una agresión sobre el paciente. El mero hecho de encontrarse en una instalación que no se adapta al tamaño de un ser humano es una agresión. Todos los intentos por humanizar un entorno que ya de base es inhumano resultan en muchísimas ocasiones titánicos.

Siempre que entro en una catedral me imagino cómo se sentían aquellas personas que entraron cuando se dio por terminada. Una construcción así en el siglo XIV o XV, rodeada de cabañas o construcciones que no superaban los cinco metros de altura, sin duda lograban el efecto que perseguían de dejar al ser humano amedrentado, sintiéndose infinitamente diminuto y sobrecogido ante semejante inmensidad. En este sentido, nuestros actuales megahospitales son las nuevas catedrales de nuestro tiempo, pero con el añadido de la complejidad extrema para deambular por ellos.

Retomando las características señaladas por el arquitecto Patricio Martínez y que comparto, me gustaría especificar que, cuando dice que es un hospital humanizado, hay que incidir específicamente en la escala humana, en un tamaño que sea asumible por la población a la que sirve; porque tampoco es lo mismo una población en Londres o Ciudad de México que una población en Kafakumba (República Democrática del Congo). El componente cultural y, sobre todo, el medio o ecosistema en el que se encuentran es muy diferente.

La gestión humanista incide en la necesidad de dimensionar los servicios sanitarios a escala humana, comenzando por las instalaciones, sean estas hospitales, centros de especialidades o cualquier otro tipo de equipamiento asistencial.

Pero no solo las instalaciones. También debemos hacer a escala humana los distintos servicios: admisiones, administración, recepción... No podemos delegar todo nuestro contacto telefónico con las personas en un robot con inteligencia artificial, por ejemplo. Eso también es dimensionar a escala humana.

Innovadora y creativa

No seré yo el que diga que en gestión sanitaria no hay que tener miedo a equivocarse. Nuestra acción o inacción tiene repercusiones directas sobre la vida de las personas, tanto desde un punto de vista fisiológico como desde un punto de vista emocional, tanto para las personas con las que compartimos esfuerzos en nuestro trabajo diario como para la población a la que servimos.

La innovación y la creatividad de la gestión sanitaria humanista debe estar sustentada en el conocimiento empírico y en el método científico. Dicho esto, es imposible afirmar que se quiere hacer gestión humanista sin tener un marcado talante innovador y creativo. La creatividad e innovación en los modelos de gestión, en la acción encaminada a conseguir el objetivo último de mejorar las condiciones de salud de la población a la que servimos es fundamental. Por un lado, para establecer nuevos mecanismos, canales y medios orientados a conseguir nuestras metas y, por otro, para adaptarse a una sociedad cambiante de forma vertiginosa.

A lo que no hay que tener miedo es a innovar y fomentar la creatividad. Las instituciones sanitarias se caracterizan por ser intensivas en talento, en profesionales; pues bien, si somos capaces de fomentar realmente la creatividad sin límites autoimpuestos, obtendremos grandísimos resultados. La innovación es piedra angular sobre la que asentar la evolución de modos y maneras en las que cuidamos, en las que prestamos el servicio para el que hemos sido reclamados por la sociedad.

Organizativamente sistémica y con las personas en el centro

La gestión humanista pone consciente y realmente a las personas, a todas las personas que intervienen en el proceso, en el centro de su actividad: profesionales sanitarios, profesionales no sanitarios, familiares y seres queridos, personas que están circunstancialmente enfermas, personas sanas que pertenecen a la sociedad a la que prestamos servicios, sociedad civil organizada, proveedores, etc. En definitiva, todos los grupos de interés (*stakeholders*) forman parte activa y central de la actividad gestora desde la perspectiva humanista.

Esto supone un cambio sustantivo de paradigma real en la actividad asistencial y preventiva. Principalmente, las organizaciones sanitarias están diseñadas para facilitar el desempeño de los profesionales sanitarios, los turnos, las horas a las que se administran los cuidados o las horas a las que se realizan las intervenciones quirúrgicas o las pruebas diagnósticas. Toda la organización de la prestación sanitaria gira en torno a las estructuras organizativas del personal sanitario. Pues bien, si ponemos a las personas que circunstancialmente están enfermas en el centro, todo (la organización de personal, los turnos, la actividad asistencial) se verá modificado sustancialmente.

Además, el concepto de sistema debe adquirir relevancia, pues un sistema se caracteriza por la interdependencia de unas partes de la organización con otras. Ciertamente, hay cierto enfoque sistémico en las organizaciones sanitarias pero, en muchísimas ocasiones, nos encontramos con actividades o acciones totalmente descontextualizadas y llevadas a cabo como si no se perteneciera a un sistema que debe reaccionar ante cualquier modificación de una de las partes. Las consultas de alta resolución son un ejemplo de lo que estoy diciendo. Este tipo de consultas se realizan de forma eficaz en poquísimas instituciones sanitarias. Un paciente con cáncer que entra por la mañana en el hospital para hacerse su seguimiento debería tener todo totalmente planificado: la hora de la prueba analítica, la consulta con oncología, el TAC, la iconografía abdominal, la densitometría, etc., para finalizar la mañana de nuevo con el oncólogo que le traslada el resultado de todas las pruebas realizadas y planifica la próxima revisión. Absolutamente todo en una mañana, vinculando las horas de salida de la consulta o prueba anterior a la entrada en la próxima y aportando a la historia clínica digital las imágenes y resultados a medida que se van obteniendo. Porque tanto las imágenes como toda la historia clínica es propiedad de las personas, no de la institución sanitaria, no lo olvidemos. Esto es un ejemplo práctico de funcionamiento sistémico de una institución sanitaria, esto es una realidad de un hospital español, de referencia internacional, lo que, entre otras cosas, indica que, sencillamente, es posible. Todo pasa por gestionar de forma adecuada y poner realmente a las personas en el centro.

Avancemos en la visión sistémica porque, además de funcionar internamente como un sistema, las organizaciones sanitarias se deben integrar mucho más ajustadamente al funcionamiento sistémico de la sociedad, del entorno al que prestamos servicios. Tanto si somos una institución pública como privada, nuestra población protegida nos exige un trabajo totalmente compenetrado con el resto de las organizaciones e instituciones que puedan afectar a nuestro estado de salud. Y son muchísimas. Nuestro trabajo no consiste en atender a las personas cuando entran por la puerta y olvidarlas cuando salen. Nuestro trabajo comienza muchísimo antes, en el entorno social, en el ecosistema natural en el que viven las personas. Nuestra función preservadora de la salud solo será efectiva cuando asumamos nuestro papel en toda la sociedad, un papel que obedece precisamente a su carácter sistémico y que está intrínsecamente ligado al modelo de atención a la salud de las cinco pes, del que hablaré a continuación.

Atención a la salud de las cinco pes

Las cinco pes son:

- personalizada,
- predictiva,
- preventiva,
- participativa
- poblacional

Personalizada porque la enfermedad y su evolución es distinta en cada persona, según su entorno, sus condicionantes sociales y su propia genética. La prestación sanitaria se ha de adaptar a cada persona en concreto.

Predictiva dado que en la actualidad tenemos capacidad científica y técnica para, en función de la información genética, ambiental y de los condicionantes sociales adelantarnos a los riesgos para la salud que una persona pueda tener.

Preventiva o promotiva: las conductas promocionales configuran la salud promotiva con un carácter más positivo que las preventivas. En definitiva, ambas características tienen que ver con los comportamientos saludables y precisan el carácter sistémico del que hablamos en el punto anterior para promover esas conductas saludables o incidir en la necesidad de prevenir deterioros de la salud.

Participativa, tanto porque ponemos realmente a las personas en el centro de nuestro quehacer diario como por dotar a la sociedad en su conjunto de herramientas participativas para intervenir en la gestión sanitaria desde un punto de vista estratégico. La gestión humanista de la sanidad o es participativa o no es. No se puede adoptar una actitud equidistante en este tema. Podríamos establecer un cierto paralelismo con la democracia, no se puede ser un poco demócrata o demócrata a medias: si creemos en un sistema democrático, hay que apostar por él con todas sus consecuencias, las maravillosas y aquellas que suponen una mayor dificultad. Pero todos tenemos claro que hay que asumir esa mayor dificultad en ocasiones para preservar la democracia. Pues bien, la gestión sanitaria humanista ha de ser totalmente participativa. De igual manera, nos encontraremos con mayores dificultades en ocasiones, pero es un valor en sí mismo al que no podemos renunciar.

La quinta y última pe corresponde a poblacional, es decir, que tiene en cuenta el coste de oportunidad social de todas sus actuaciones. El coste de oportunidad es el coste de la alternativa a la que renunciamos cuando tomamos una determinada decisión, incluyendo los beneficios que podríamos haber obtenido de haber escogido la alternativa. Ganar en salud, mejorar nuestras intervenciones en salud supone incrementar el valor total de la sociedad. La alternativa a las mejoras en la prestación sanitaria es la pérdida de activos productivos y talento, es la desviación de otros activos y talento al cuidado de personas en situación de dependencia, es la ineficiencia máxima en la gestión de una sociedad. Decidir hacer gestión humanista sanitaria supone renunciar a una alternativa que iría en una dirección opuesta. El coste que supondría esta alternativa para la sociedad en su conjunto y para la humanidad es el coste de oportunidad de nuestras actuaciones. Las consecuencias para el sistema sanitario en primer lugar, pero más aún para la sociedad en su conjunto, son tan desastrosas que cualquier opción diferente o contraria a la gestión humanista resulta ineficiente desde un punto de vista macroeconómico.

Que garantice sostenibilidad (no todo gratis para todos)

Hablar de sostenibilidad de la sanidad pública desde un punto de vista genérico, es decir, no centrándose exclusivamente en un país, resulta prácticamente imposible. Si además incorporamos la sanidad privada, el análisis se vuelve sustancialmente más complejo. Por eso, a riesgo de ser genérico y ambiguo, me limitaré a tener en cuenta aspectos globales relativos a la gestión humanista.

El segundo objetivo (el primero son las personas) de la gestión humanista es garantizar su existencia en el tiempo o, lo que es lo mismo, garantizar su sostenibilidad. Un sistema sanitario que tiende a su propio exterminio no es un modelo adecuado. Una prestación sanitaria que sea total y absolutamente insostenible en el tiempo no puede ser, bajo ningún punto de vista, una gestión humanista, pues, para empezar, priva de servicios sanitarios a millones de personas que vendrán en el futuro. Estaría en contra de todos los principios básicos de este modelo de gestión. Por contraposición, solo se ejecuta una gestión humanista si es sostenible en el tiempo, por lo que resulta imprescindible que sea eficiente y que aporte valor tanto a la sociedad como a los individuos que la conforman. Se han de acometer cambios organizativos profundos, integrar el modelo sanitario e incluir la colaboración público-privada.

Los sistemas sanitarios tienen el inaplazable deber de definir su cartera de servicios y cómo hacer frente a los costes que supone, sin que resulten insostenibles. Es muy probable que debamos olvidarnos del todo gratis para todos y buscar soluciones que garanticen también la equidad en la factura del gasto sanitario. Debe incorporar la tecnología y la innovación, la digitalización de la salud en aquellos aspectos que sea adecuada para reducir los costes.

Es frecuente que se pretenda contraponer la gestión humanista con la sostenibilidad económica. Se tilda de cara, de derrochadora de recursos y de poco eficiente, que contempla de forma excesiva la dimensión emocional y es poco práctica en la reducción de costes. Lo cierto es que no ha habido ninguna prueba empírica a gran escala que pueda demostrar que la gestión humanista incremente el gasto. Por el contrario, algunos hemos realizado pruebas empíricas de que ese modelo de gestión ha reducido los gastos y mejorado sustancialmente los resultados en salud por periodos superiores a los diez años y han mejorado de forma ostensible la sostenibilidad de las instituciones que aplican una gestión humanista. En demasiadas ocasiones, tendemos a descartar prejuiciosamente las soluciones que nos cuestan trabajo implementar con argumentos poco científicos o sin evidencia empírica. Tendemos a pensar que lo que no conocemos, no entendemos o creemos que es fruto del buenismo genera más gastos. Es casi como decir que todo lo que tiene que ver con la medicina preventiva carece de trascendencia en el coste sanitario global.

Holística

La dimensión holística de la gestión humanista tiene su raíz en el concepto mismo de persona. En la literatura nos podemos encontrar con autores que proponen hasta doce dimensiones del ser humano. Para el fin que nos ocupa, creo que es suficiente con abordarlo desde su dimensión biológica, social, afectivo-emocional, intelectual o cognitiva y espiritual.

Con demasiada frecuencia, la asistencia sanitaria se centra casi de forma exclusiva en la primera de las dimensiones: la biológica. Incluso muchos profesionales sanitarios hacen apología de una asistencia sanitaria muy cercana al mantenimiento industrial, donde lo más importante es la gestión de las disfunciones desde un punto de vista estrictamente

técnico, solventando el problema biológico y obviando de forma deliberada el resto de las dimensiones de la persona.

Todo en nuestra vida ocurre socialmente. La atención a este aspecto
es clave para nuestro bienestar integral. Muy recientemente, en un
importante congreso de gestión clínica y sanitaria al que acudí, se discu-
tía sobre la idoneidad o no de las habitaciones individuales. El factor económico es determinante en esta cuestión, pero no lo es menos el factor
cultural; puesto que la dimensión social del ser humano nos lleva ciertamente en muchas ocasiones a entender el aislamiento precisamente
como negativo, sobre todo si es prolongado. Ninguna persona es una isla.
Tenemos una necesidad ancestral del grupo para desarrollarnos e identificarnos como personas. Por lo que la socialización es una dimensión del
ser humano que debe tenerse muy en cuenta en la adecuada prestación
sanitaria.

La dimensión afectiva y emocional de la gestión sanitaria podría parecer provocadora, pero lo cierto es que la gestión sanitaria está orientada
a mejorar las condiciones de vida de las personas, de personas con nombres y apellidos, con un organismo sobre el que en muchas ocasiones
actuamos, pero también con una importantísima dimensión emocional y
afectiva sobre la que también intervenimos no siempre deliberadamente
y con un objetivo definido.

El *DRAE* incluye entre los significados de la palabra *afectividad* 'el conjunto de emociones y sentimientos de una persona'. No entraremos en el
vasto mundo de la psicología y la psiquiatría para analizar la importancia de estos aspectos en los procesos curativos de las personas. Pero sí es
responsabilidad de los gestores sanitarios realizar una intervención profesional para garantizar la Salud con mayúsculas de las personas, ya que es
inherente al propio concepto de salud: el bienestar emocional y afectivo.

Las emociones son vivencias subjetivas de una cierta intensidad, con
manifestaciones fisiológicas y de carácter puntual en el tiempo. Suelen ser reactivas, es decir, son una reacción ante una circunstancia. En
cambio, los sentimientos son más persistentes en el tiempo, mucho más
profundos y con manifestaciones fisiológicas muchísimo más débiles.

Podría decirse que son un estado habitual del yo, en lugar de reacciones ante una circunstancia. Los sentimientos son uno de los principales modos de vinculación con el mundo, puesto que estos estados del yo no lo son de forma aislada. Los sentimientos son ajenos a la racionalidad lógica, lo que no quiere decir que sean irracionales, simplemente son sentimientos, no razón.

La afectividad nos lleva ineludiblemente a la razón de ser de la persona, la búsqueda de la felicidad ya que, sin duda, los sentimientos resultan decisivos en dicha felicidad.

Los valores afectivos son los principios que rigen el comportamiento de las personas en el ámbito de los sentimientos y las emociones. Este tipo de valores persigue satisfacer las necesidades básicas en este ámbito del ser humano como, por ejemplo, amar y sentirse amado.

¿Cómo hacer gestión con énfasis en la dimensión afectiva? Sin duda, es uno de los retos más importantes, ya que implica la coordinación absoluta y casi perfecta de los equipos humanos que se interrelacionan con las personas que ponen en nuestras manos su salud. Ha de ser una coordinación que no se base a su vez en la planilla de turnos, sino en el compromiso y los valores que todo el equipo humano asistencial se ha dado, por lo que requiere una gestión basada en valores, coherente y de compromiso.

En muchas ocasiones, en los entornos asistenciales, y más aún en aquellos con internamiento, los sanitarios se amparan de forma intencionada en la necesidad de la profesionalidad para marcar o establecer distancias con los sentimientos, tanto los que brotan en los pacientes y familiares como los que se generan en los profesionales de la salud. Los sanitarios establecen una especie de muro de cristal, un escudo erróneo de profesionalidad como elemento que nos separa de los sentimientos y la afectividad, muchas veces por falta de preparación de los profesionales en la gestión personal de emociones y sentimientos. En los planes educativos de los profesionales sanitarios se debería tratar de forma transversal la gestión de emociones porque la reacción que se da cuando no se tienen herramientas suficientes o adecuadas es la de eliminar estos aspectos de la relación terapéutica o asistencial. De hecho, como suele suceder con aquello que no dominamos, se rebaja su importancia hasta considerar la intervención emocional como una actividad poco científica.

Lo cierto es que la gestión sanitaria debe estar totalmente focalizada en la eficiencia, la equidad y la excelencia asistencial. Son valores todos ellos que nos hacen mirar de frente al reto de poner en el centro a las personas y, como consecuencia de esta centralidad, la dimensión afectiva y emocional se tornan en el eje sobre el que articular la intervención gestora. Si no es así, ni la eficiencia, ni la equidad, ni mucho menos la excelencia asistencial son realmente objeto de dirección, de gestión. Seremos meros administradores de presupuestos.

El gran reto de la digitalización sanitaria es precisamente fomentar y potenciar la dimensión afectiva, los sentimientos y las emociones que se apoyan en una relación directa con las personas, que la tecnología nos permita realizar una acción asistencial concreta y que, además de aportar valor empírico, se sustente en valores que vayan directamente al corazón, entendiéndolo como la raíz de toda nuestra afectividad. La gestión de sentimientos, emociones y todo aquello que aporta felicidad al ser humano también se entrena, pero requiere de un conocimiento práctico y no meramente teórico. La curva de aprendizaje en esta materia no acaba nunca.

Los lazos invisibles de la afectividad unen a personas de diversa condición, con y sin lazos de sangre, con y sin lazos jurídicos de matrimonios, adopciones o demás. Hay personas que deciden ser hermanos de forma libre o deciden ser padres e hijos... Incluso hoy en día, la vinculación afectiva a las mascotas tiene una trascendencia importantísima para el desarrollo de las personas. Por consiguiente, la gestión humanista ha de contemplar la dimensión afectiva sin añadir más, pues cualquier añadido recorta la libertad suprema del amor.

La dimensión intelectual o cognitiva tiene su trascendencia en tanto supone gran parte del desarrollo del ser humano, de su creatividad, de su expresión cognitiva y de conocimiento. Es la comprensión profunda de la realidad circundante: una tarea que iniciamos desde la más tierna infancia y que jamás cesa. Tener en cuenta esta dimensión de la persona en el proceso asistencial o en la preservación de la salud de la población a la que servimos es responsabilidad de la adecuada acción gestora. Hay muchísimas personas para las que esta dimensión es de vital importancia en sus vidas, tanto que los procesos de enfermedad que la afectan más severamente son los más rechazados.

El ser humano es trascendente en la medida en que necesita responder a preguntas básicas sobre el bien y el mal. El dolor y el sufrimiento son cuestiones que han analizado las personas en todos los tiempos. Ese dolor se erige enigmático porque no estamos hechos para sufrir, sino para ser felices. Encontrar una justificación racional al sufrimiento resulta muy difícil. La filosofía quizás podría dar respuesta a algunos dolores particulares, pero difícilmente somos capaces de racionalizar los grandes dramas que castigan a la humanidad. El dolor y el sufrimiento son realidades muy presentes en nuestros entornos asistenciales; la pregunta de cómo podemos afrontar el sufrimiento aflora con muchísima frecuencia en la materialización de la gestión sanitaria.

El dolor y el sufrimiento del ser humano como duda existencial no son la única cuestión por resolver; aún nos quedan otras dos importantes inquietudes. Por un lado, nuestro origen. ¿De dónde venimos? Consecuentemente: ¿quiénes somos? Por el otro, nuestra finitud. ¿Cuáles son nuestros límites? Con respecto a la primera cuestión, el ser humano toma conciencia de la extrema dificultad de usar exclusivamente la razón para justificar nuestra propia existencia y nuestro concepto de ser, concluyendo con frecuencia en el núcleo espiritual del ser humano. Además, las personas contamos con grandísimas aspiraciones y capacidades de saber, de querer, de poder, todas ellas fácilmente truncables ante una sencilla enfermedad o el mero paso del tiempo. Son límites que también tienen muchísimo que ver con nuestra intervención en el ámbito de la salud. Cuando enfermamos, se nos evidencian de forma encarnizada nuestras debilidades e inmensas limitaciones.

La dimensión trascendente del ser humano adquiere una importancia capital en el ámbito de la gestión sanitaria humanista, puesto que se encuentra altamente estimulada como consecuencia de las limitaciones, el sufrimiento y la búsqueda interior de la respuesta a la pregunta capital: ¿Qué busco yo con toda mi vida? ¿Qué sentido tiene mi existencia?

De absoluta seguridad y profesionalidad

En la gestión humanista, la seguridad de las personas que circunstancialmente están enfermas, la calidad asistencial y la excelencia en los estándares técnicos aplicados están en la posición de partida. Es decir, son elementos absolutamente imprescindibles, son las bases de las prestaciones sanitarias sobre las que construir. Esta circunstancia no significa que se presuponga que todo ello brota de la nada, no requiera planificación, seguimiento y evaluación. Muchas veces pensamos que la buena gestión o las cosas que funcionan bien suceden espontáneamente, sin precisar de muchísimo trabajo y esfuerzo para que así sea.

Mención especial se merece el esfuerzo investigador que corresponde a toda institución sanitaria que pretenda mantener unos estándares de calidad en su provisión sanitaria. Lograr que todos los sanitarios se involucren en actividades investigadoras y de mejora continua en la calidad asistencial es una herramienta imprescindible para dotar a la población a la que servimos de unas prestaciones sanitarias excelentes.

Diversificada en cuanto a profesiones sanitarias y garantes de la salud

Estoy completamente seguro de que en un futuro próximo se incorporarán a nuestras vidas profesiones sanitarias que hoy no existen. Dos ejemplos de ello son la incorporación de especialistas en ingeniería robótica para la gestión de implantes o prótesis biónicos en los hospitales y las profesiones que puedan prestar o colaborar en la asistencia remota a pacientes. Pero no solo tenemos que pensar en situaciones futuristas. En muchos lugares del planeta ya se está incorporando la medicina o las parteras tradicionales a la estructura que colabora con los servicios de salud. Están también implantados una especie de mediadores culturales que ejercen de canal de comunicación y vinculación entre las comunidades locales y los servicios de salud. En territorios muy extensos, donde es prácticamente imposible acceder a profesionales de la salud que presten servicios sanitarios porque supone desplazamientos de más de tres días caminando o en canoa, o quizás un poco menos en bicicleta, utilizar otros recursos que faciliten el acceso a algún tipo de prestación con personal entrenado será indispensable. En otros lugares, la escasez de profesionales forzará sin duda que aparezcan nuevas profesiones.

Hemos de estar abiertos a nuevos escenarios que garanticen una formación de calidad y controlada sin pretender poner puertas al viento. Desde la gestión humanista debemos ejercer una tarea activa de normalización, estandarización y control de los procesos formativos de los nuevos profesionales.

Que ponga en valor el desarrollo profesional de los agentes implicados en el cuidado de las personas

La profesión con mayor esperanza de vida en España es la de religiosa o religioso. La segunda profesión con más esperanza de vida es la de directora o director de orquesta. En estas dos profesiones hay un común denominador que considero trascendente: el componente vocacional. Comparten también otra característica que las hace muy similares: la necesidad permanente de crecimiento personal y profesional.

En los últimos años, nos estamos encontrando con un decrecimiento sustancial del carácter vocacional en los estudiantes de medicina y enfermería, mucho más acuciado que en el resto de las profesiones del sector. Se ven atraídos porque se trata de un sector de actividad con muy poco nivel de desempleo, con retribuciones más altas que la media y, aunque con una altísima tasa de inestabilidad laboral, con una cierta longevidad en los contratos. Lo cierto es que el carácter vocacional de la sanidad, aunque existe, se ha visto sustancialmente reducido.

La prestación de cuidados se ha ido devaluando socialmente en Occidente hasta el punto de precisar una sobredosis de tecnicismos para dotar de prestigio social o científico a las profesiones del sector. De hecho, en nuestras propias familias, se ha ido delegando el cuidado (de nuestros mayores, niños, mascotas, incluso de la casa) en personas muchas veces inmigrantes, sin apenas cualificaciones, mujeres y en situaciones irregulares de contratación. Nos podemos identificar con la visión poética y romántica del cuidado. Pero en cuanto podemos, nos distanciamos de la tarea efectiva de cuidar. Ese distanciamiento ha llevado también al distanciamiento teórico, es decir, a tecnificar lo más posible todas las intervenciones que pueden tener que ver con la prestación de cuidados, de tal manera que se dote al más elemental cuidado de una base teórica y técnica que lo convierte en una especialización científico-técnica compleja, separándolo lo más posible de la percepción sencilla de un cuidado.

Todo el personal vinculado al sector de la salud se identifica más con un científico aséptico que con quien presta un servicio, con quien cuida.

En lenguaje empresarial, debemos retornar a nuestros orígenes, poner el foco en nuestro *core business* y tomar conciencia de que la sanidad está en la sociedad para servir, para cuidar de la salud de los ciudadanos.

Entre mediados y finales de marzo de 2020 las redes sociales se inundaron con esta historia: un estudiante preguntó a la antropóloga estadounidense Margaret Mead (1901-1978) cuál consideraba que fue el primer signo de civilización de la humanidad. El alumno y sus compañeros esperaban que Mead hablara del anzuelo, la olla de barro o la piedra de moler. Pero no. Ella dijo que el primer signo de civilización en una cultura antigua fue un fémur que alguien se fracturó y luego apareció sano. Mead explicó que, en el reino animal, si te rompes una pierna, mueres. Pues no puedes procurarte comida o agua ni huir del peligro, así que eres presa fácil de las bestias que rondan por ahí. Ningún animal con una extremidad inferior rota sobrevive el tiempo suficiente para que el hueso se suelde por sí solo. De modo que un fémur roto y que se curó evidencia que alguien se quedó con quien se lo rompió y que lo vendó e inmovilizó la fractura. Es decir, que lo cuidó.

Este concepto de civilización como una sociedad dotada de una serie de valores morales como el respeto por los derechos humanos o la compasión hacia los enfermos o los mayores podría suponernos un problema, dado que los valores morales son indiscutiblemente unilaterales y etnocéntricos. No obstante, asumiremos el riesgo del etnocentrismo y consideraremos la civilización como un bien general a preservar, cultivar y ampliar.

El cuidado es, pues, el primer signo de aparición de la civilización en un colectivo que ya era humano, aunque quizás no civilizado. Un signo que ha ido evolucionando a lo largo de nuestra historia, tendiendo progresivamente a la tecnificación y tecnologización, hasta el punto de haber sido sustituido por el concepto de *atención sanitaria* que es fruto, sin duda, de —como señala Nietzsche— el endiosamiento de la salud.

Volviendo al comienzo, el carácter vocacional y el crecimiento profesional y personal constante son valores de las profesiones del cuidado que se deberían fomentar y a su vez cuidar. No podemos hacer una gestión sanitaria humanista sin tener un equipo humano motivado y altamente comprometido con un propósito bien definido e integrado. Para conseguir este objetivo, un gestor humanista debe establecer unas relaciones laborales y una política de personal que fomente ese crecimiento personal y profesional. Uno de los objetivos de un gestor sanitario es colaborar en la felicidad de las personas que trabajan con él. El gran Xavier Marcet[17] dice que «necesitamos más sabios que expertos. Los expertos tienen muchísimos conocimientos, pero los primeros saben que lo importante es profundizar en el conocimiento y en las personas. El liderazgo no es efímero, lo tiene quien dispone de espíritu de servicio a los demás para llevar a la institución a servir a la sociedad»[18]. Solo desde la dinámica del servicio se puede hacer avanzar la sociedad y, en nuestro caso, se puede hacer avanzar la prestación sanitaria.

Pero volvamos por un momento a considerar la felicidad de todo el equipo humano que se dedica a la garantía de la salud de los ciudadanos.

Puede resultar hasta sorprendente que se hable de gestión sanitaria que aporte felicidad a los prestadores, a los sanitarios y no sanitarios que forman la estructura de talento de la organización que preserva la salud de la población. Pues bien, lo cierto es que solo desde una perspectiva del cuidado, del mimo, del respeto y la potenciación de todo el desarrollo humano (profesional y personal) de las personas que ejercen su actividad profesional en nuestras instituciones podremos prestar un servicio como el que la sociedad se merece. La precariedad laboral, la inestabilidad en el puesto de trabajo, la falta de reconocimiento, la saturación de actividad o la falta de reconocimiento del esfuerzo son prácticas muy frecuentes en el entorno laboral formal de los profesionales de la salud. Sin una gestión adecuada del talento, poco podremos hacer. Comencemos por nuestra casa, miremos hacia dentro y practiquemos el humanismo empezando por el prójimo, aquel que tenemos más cerca, nuestros propios colaboradores.

Para toda la sociedad, no solo para los enfermos

Los gestores sanitarios suelen estar desbordados de trabajo ya solo tratando de gestionar la cada vez más importante escasez de recursos. Tanto las materiales y económicas como el talento: las personas. Es una tarea ingente que en la mayoría de las ocasiones nos hace dirigir la mirada a nuestras propias instituciones sanitarias, muy hacia dentro (*ad intra*), recibiendo escasos estímulos provenientes de entornos que no sean los propiamente asistenciales, tanto de profesionales sanitarios como de organizaciones de enfermos y familiares.

Precisamente por coherencia con todas sus características, la gestión humanista se ha de desplegar teniendo en cuenta toda la sociedad a la que sirve, no solo a una parte de ella. Las personas que circunstancialmente están enfermas son prioritarias en la actividad sanitaria, pero bajo ningún concepto son el único foco de una gestión sanitaria que pretende abarcar al ser humano desde una perspectiva holística. Toda la sociedad a la que servimos tendrá momentos de enfermedad, pero también muchos otros momentos de no enfermedad. La acción gestora debe estar presente para potenciar el bienestar físico, mental y social de los individuos y las colectividades. Los gestores no podemos escudarnos en que esa acción no focalizada en la enfermedad o en los enfermos la realicen otros estamentos dentro de la estructura sanitaria. La delegación de esas funciones acarrea en muchas ocasiones que se minimicen hasta pasar prácticamente inadvertidas. Incluso los gestores que tienen entre sus funciones aquellas tareas más operativas deben incluir acciones encaminadas a la sociedad en su conjunto.

En este sentido, una herramienta que se debe aprovechar y que no es meramente decorativa es la de los consejos sociales, que inicialmente pueden generarse como consultivos, pero que su evolución lógica es que pasen a ser operativos o estratégicos. Podemos llamarlos así, o con otro nombre que se adapte más a nuestra realidad. El caso es que esta herramienta de participación ciudadana en la gestión sanitaria es imprescindible si queremos que nuestras instituciones estén realmente al servicio de la comunidad. En un tiempo en que incluso se intenta que los presupuestos municipales o regionales sean participativos, no podemos mirar hacia otro lado y prejuzgar que la gestión sanitaria solo se puede o debe realizar desde un planteamiento estrictamente técnico, pues la realidad es que el componente político de la estrategia en una organización sanitaria tiene gran peso.

Un consejo social es un grupo de personas que deberían ser reflejo de la sociedad a la que servimos desde la institución sanitaria a la que nos referimos (hospital, centro de salud, área sanitaria, etc.). Desde mi punto de vista, lo adecuado es que haya presencia de organizaciones de enfermos o familiares, pero que no esté compuesto solo por diferentes asociaciones de enfermos o familiares. Habrá representación de la sociedad civil en general e informantes clave, como periodistas especializados o personas con una conexión especial con la ciudadanía. Hay que tener en cuenta la pirámide poblacional para que, en el consejo social, haya una representación lo más fiel posible a esta situación poblacional. También hay que ser sensibles a las diferentes culturas de nuestro entorno y a las personas especialmente vulnerables o en riesgo de exclusión social.

Este consejo social debería ser el transmisor de los sentimientos, de los deseos, de las emociones, de las necesidades de la sociedad a la que servimos. Requerirá formación, acompañamiento y adiestramiento, pero vale la pena poner nuestro foco en aquellos a los que nos debemos como profesionales de la salud.

Viva

La gestión humanista necesita incorporar nuevas visiones de forma constante, necesita incorporar nuevas características.

Por esta razón, quisiera animarte a compartir con todos alguna característica de la gestión humanista que estimes importante. Para hacerlo, puedes visitar el sitio web <www.globalhealhtcaremanagement.health> que hemos creado para ello. Allí podrás encontrar artículos, aportaciones y mucho más: todo aquello que hace realidad la gestión sanitaria humanista.

EL VINO DE ANTHONY DE MELLO

Le preguntaron cierta vez a Uwais el sufí: «¿Qué es lo que la Gracia te ha dado?» Y les respondió: «Cuando me despierto por las mañanas, me siento como una persona que no está segura de vivir hasta la noche». Le volvieron a preguntar: «Pero esto ¿no lo saben todas las personas?» A lo que Uwais replicó: «Sí, lo saben; pero no todas lo sienten».

A este cuento recogido por Anthony de Mello[19] en su libro *El canto del pájaro* el autor añade una brevísima pero certera reflexión: «Jamás se ha emborrachado nadie a base de comprender intelectualmente la palabra *vino*»[20].

Jamás una persona se ha enamorado a base de comprender intelec-tualmente la palabra *amor*. Nadie ha sido feliz analizando profusamente el concepto de felicidad. La experiencia vivida y sentida es lo único que hace que el conocimiento sea parte de nosotros. No nos quedemos con la disertación y la teoría. Pasemos a la práctica. Amar es hacer. Por mucho que alguien nos diga que nos quiere, solo lo entenderemos cuando lo sintamos, cuando lo vivamos. La gestión sanitaria humanista se hace, se vive, es eminentemente práctica, no es una entelequia teórica, de hecho no existe cuando solo se habla de ella.

El humanismo, como el proceso de escucha, necesita cercanía y a la vez espacio. Todo proceso que ponga a las personas en el centro ha de ofrecer un espacio necesario para que estas puedan expresarse y generar una cercanía que les ofrezca un estado de bienestar.

Muchas veces se ha tendido a disociar el humanismo de la ciencia, calificándolo incluso de acientífico. Una disociación que se basa en el desconocimiento y la falta de rigor. La gestión humanista es empírica por antonomasia y usa el método científico como elemento clave de avance en el conocimiento. Otra cosa es que, en muchos ámbitos, aquello que no dominamos o no conocemos en profundidad tendamos a desprestigiarlo, a pensar que no existe o, simplemente, a obviarlo. Es una realidad que los factores psicosociales, las realidades políticas o económicas, los eco-sistemas y el mundo de los sentimientos y las creencias quedan lejos en muchas ocasiones del *expertise* del colectivo sanitario.

Pensemos en una fractura distal extra-articular no desplazada de radio. El tratamiento entra dentro de lo que podríamos calificar de sen-cillo. Una vez comprobado que no hay desplazamiento, se procederá a la inmovilización durante un periodo que podría estar en torno a las seis semanas con seguimiento de pruebas radiológicas. Ahora tratemos de ponernos en el lugar de la persona lesionada. La fractura distal es la más frecuente en las extremidades superiores, por lo que puede que no nos resulte muy difícil empatizar. Durante seis semanas estará físicamente mermada, no podremos realizar muchas tareas básicas como conducir, practicar deporte, o tendremos grandes dificultades para realizar algunas otras como ducharnos, usar cuchillo y tenedor al mismo tiempo o usar teclados o ratones.

Además de estas mermas, se sufre un desgaste emocional importante: miedo a la situación final, menor tolerancia al dolor, necesidad de ayuda para tareas que se daban por totalmente autónomas, problemas posturales (la espalda siempre sufre las inmovilizaciones), incluso problemas sociales y de relacionamiento.

Esta persona verá mermados sus ingresos económicos. Esta lesión siempre tiene una repercusión sobre su situación económica. Incluso en aquellos casos con seguridad de ingresos, el mero hecho de no poder desempeñar su trabajo habitual le supondrá un incremento en sus gastos como consecuencia del deterioro de su salud. Si nos encontramos en entornos de desprotección social de la incapacidad temporal, la situación es aún más dramática.

Me permito sugerirte que te detengas un momento y que analices en detalle todas las consecuencias que tendría para tu vida encontrarte repentinamente con esta fractura en el plano social, económico, emocional y físico.

El deterioro de nuestra salud supone muchísimas más cosas que el mero tratamiento concreto de la afección. La dimensión emocional y social adquieren una importancia capital que no siempre es bien abordada por las instituciones sanitarias.

2
QUÉ SIGNIFICA REALMENTE QUE LAS PERSONAS ESTÉN EN EL CENTRO. LA CENTRALIDAD DEL SER

Otro

En la época en la que yo era un veinteañero en una húmeda y gris ciudad de la costa cantábrica del norte de España, mi madre decía que cuando caminaba por la calle y veía a un joven pidiendo limosna siempre pensaba en mí, me veía en esa situación, se acercaba y hacía su aportación. Decía que tenía la sensación de que en cualquier momento, en cualquier ciudad, yo podría ser esa persona; por eso no podía pasar a su lado sin prestarle atención. Supongo que el hecho de que mi estilo de vestimenta se asemejase mucho al de esos jóvenes y que, con frecuencia, me pasaba las tardes en su compañía conversando con ellos o echándoles una mano para que pudieran ganarse la vida, conjuraba aquella sensación que tenía mi madre.

Muchas veces descubrimos la otredad gracias a nuestros seres queridos, que son un otro muchísimo más cercano y al que conocemos en profundidad, un casi yo. Incluso, en ocasiones, nos resistimos a identificar al otro, porque lo vivimos como una extensión de nosotros mismos. Esto sucede muchas veces con los hijos... o con las parejas. Si bien es cierto que, al reconocer la existencia de otro, nosotros mismos tomamos conciencia de nuestra identidad y de nuestra individualidad.

Los conceptos de *otro* y *otredad* son ampliamente abordados en la filosofía, la psicología, la sociología y la antropología cultural. Sin entrar a desarrollarlos en toda su extensión, si queremos llegar a la esencia de nuestro trabajo en el ámbito de la gestión sanitaria humanista no podemos pasar de largo ante estos conceptos clave. No podemos ejercer el servicio a otros sin tener una mínima base conceptual de qué significa ser otro.

Solo reconociendo al otro podemos ejercer la empatía, la compasión, la misericordia y el servicio. Como diría Merleau-Ponty, fundamentamos la existencia del sujeto capaz de ejercer dichos atributos en el otro. Por otra parte, Freud mantenía que el otro es todo aquel que no soy yo. Una idea muy similar, pero desde mi punto de vista un poco más profunda, es la de Sartre, que afirmaba que el otro objetiva u objetiviza el ego. Tenemos pues, por un lado, la dimensión positiva del otro como sustento de mi propia individualidad; pero, por otro, tenemos una dimensión negativa que ve en la otredad lo diferente, lo contrario a nuestro yo y, por ende, aquello que se ha de eliminar.

La otredad puede ser la base de la carrera armamentística. Es la base del pensamiento fascista. Es la identificación del otro como diferente y que atenta contra nuestro propio yo. De ahí que sea muchas veces por nuestros seres queridos que nos abrimos al otro. Un paso inicial de un camino que en muchísimos seres humanos va avanzando hasta percibir cada vez más a los otros como seres que, aun en su diferencia y lejanía, nos constituyen más intensamente como individuos, como personas, porque, por pura escala en la aplicación del concepto, si el otro me constituye como yo, como individuo, cuantos más otros reconozca e incorpore en mi interior, más yo como individuo y persona soy.

El miedo al otro genera mucho movimiento en el mundo, sin duda, pero no hace falta reconocernos en el escenario bélico actual o irnos a culturas o contextos muy diferentes al que nos toca vivir. El miedo al otro es el que hace que hagamos las cosas como las hacemos hoy en día en nuestros entornos sanitarios asistenciales. El otro tiene una vida que nos cuestiona, que nos interpela. El otro tiene un contexto socioeconómico y nos produce auténtico pavor introducirnos en esa realidad. El otro sufre y, además, lo hace de una forma intensa en su interior, lo que nos genera tal situación de angustia que preferimos obviarlo. El otro tiene un yo tan grande o más que el nuestro. No es ni mucho menos su dolencia, su enfermedad, no es una cadera o un carcinoma hepático, no es un COVID persistente, no. El otro requiere conocimiento para que al final sea un yo más cercano a nosotros y, muchas veces, no disponemos de ese tiempo para acercar yoes. Pero todo cambia cuando el otro es un casi yo, un ser querido y cercano al que nos une la afectividad. Ahí es muy sencillo que surja la magia. Como un toque mágico, sobre la misma ecuación de individuos, cuando añades la afectividad, el conocimiento profundo y la conexión interior, la carga negativa de la otredad desaparece y solo brota el crecimiento personal, el desarrollo del ser y el humanismo en estado puro.

Mi madre siguió recorriendo ese camino del que hablábamos antes con sus dificultades, pero dedicó toda su vida a incorporar a otros en su corazón, al servicio a la comunidad, a caminar al lado de miles de otros, cercanos y lejanos, conocidos e intuidos, siendo cada vez más ella y creciendo hasta ser eterna.

UN JUEGO DE PREPOSICIONES: DEL PARA AL CON

Para es una preposición que «denota el fin o término a que se encamina una acción»[1]. La preposición *con* «denota el medio, modo o instrumento que sirve para hacer algo»[2]. Las afirmaciones categóricas suelen tener una gran carga de inocencia y error, de ahí que no afirme que debemos pasar de trabajar *para* a trabajar *con*. Lo que sí considero de vital importancia es tender de forma claramente prioritaria a trabajar *con* en lugar de *para*.

Como la propia definición indica, cuando realizamos algo para una persona o colectivo, dicha acción nos encamina hacia esa persona o

59

colectivo, que es el fin o término. Desde nuestra posición nos ponemos en camino para acercarnos a las personas.

En el caso de la preposición *con* lo que sucede es que no hay una posición de partida y un camino que recorrer hasta las personas. Cuando realizamos algo con una persona o colectivo, el modo de hacerlo, el medio es en común, es compartido desde un inicio.

Trabajar *para* es excluyente porque supone realizar una acción en la que no es necesaria la implicación del sujeto. Sin duda, hay muchas acciones necesarias en el ámbito de la salud que se deben llevar a cabo desde esta perspectiva, como pueden ser situaciones de emergencia o situaciones de incapacidad para la toma de decisiones cuando no se disponga de alternativas, pero el reconocimiento del otro, de la persona que tenemos delante, implica realizar las cosas *con*. Independientemente de las dificultades que esto pueda suponer, pues estas no pueden menoscabar la dignidad intrínseca del ser humano individual o colectivamente al que servimos.

Ni que decir tiene que todo ha de ser un proceso, un recorrido temporal como el que diseñamos para la gestión del cambio, pero el horizonte ha de estar claro: la incorporación absoluta de las personas para las que trabajamos, estén enfermas, ya temporal o crónicamente, o no lo estén, en todas las decisiones estratégicas.

EMPATÍA

Se puede definir la empatía como la capacidad de identificarse con alguien y compartir sus sentimientos[3]. En el libro *La civilización empática*, Jeremy Rifkin afirma que la individualidad va de la mano del desarrollo de la empatía: a mayor conciencia individual más empatía[4]. Esto se debe, como hemos tratado anteriormente, a que solo reconociendo al otro crecemos en conciencia de nuestra propia individualidad. Cuando adquirimos conciencia sobre la vida y la muerte, sobre nuestra fragilidad y vulnerabilidad, incrementamos nuestra capacidad de ponernos en el lugar del otro, de activar nuestras neuronas espejo e identificarnos con la fragilidad y vulnerabilidad del resto de la humanidad. La empatía nos conecta con las dificultades para mantenernos con vida conscientes del resto de las personas y, por consiguiente, nos conecta con el sufrimiento y la muerte.

No obstante, hay muchas ocasiones, sobre todo en la asistencia sanitaria, en las que nos resulta prácticamente imposible llegar a tener empatía (en el sentido literal de identificarse con una persona y compartir sus sentimientos). Las situaciones que podemos encontrarnos son tan duras, tan complejas y dolorosas que nuestra capacidad de empatizar se ve sobrepasada. En tales circunstancias, la compasión nos permite compartir con la persona que sufre y actuar sobre ese sufrimiento.

Compasión

La compasión del latín *cumpassio*, traducción del griego συμπάθεια [sympátheia], palabra compuesta de συν + πάσχω = συμπάσχω, literalmente significa 'sufrir juntos, tratar con emociones, simpatía'. Es un sentimiento que conjuga la empatía y la comprensión hacia el sufrimiento de otro ser. Sobrepasando la empatía, la compasión es la percepción y la compenetración en el sufrimiento del otro, y el deseo y la acción de aliviar, reducir o eliminar por completo esa situación.

La principal característica de la compasión es que mueve a la acción. La empatía en sí misma no tiene incorporada la acción. Podría darse sin que llevase a ninguna acción. Por el contrario, la compasión solo se produce si, tras esa identificación y compenetración con el sufrimiento del otro, llevamos a cabo una acción para aliviarlo. De ahí que, gracias a la compasión, participamos en instituciones de ayuda humanitaria, fundaciones, movimientos civiles... nos implicamos, en definitiva, en la justicia social y la tolerancia. Las instituciones sanitarias son organizaciones en las que la compasión sería el *leitmotiv* por antonomasia.

Por mucho que queramos tener empatía, hay situaciones de extrema dureza como el fallecimiento de un hijo o su sufrimiento extremo, como la fragilidad de las personas mayores, los procesos de enfermedad avanzada, las situaciones de abusos o violencias, ciertas realidades socioeconómicas en las que nuestros cerebros se ven limitados en su capacidad para identificarse porque no alcanzan a generar, a imaginar tal situación. Ante tales realidades, solo nos queda la compasión, comprender respetuosamente el sufrimiento, el dolor del otro, y tratar de aliviarlo.

A pesar de que Jeremy Rifkin considera que estamos en una civilización empática, en la era de la empatía, en muchas ocasiones esta se queda corta ante realidades que no podemos ni imaginar. No puedo imaginar levantarme día tras día con hambre, sin acceso a agua potable, sin ninguna perspectiva de alcanzar una ingesta mínima diaria. No puedo imaginarme la muerte de mi hijo en mis brazos por inanición. No puedo alcanzar a soportar, ni siquiera pensar, en muchas situaciones en las que se encuentran diariamente personas como tú y como yo que están mucho más cerca de lo que nos imaginamos, a muy pocas horas de viaje o al otro lado de la calle. Por esa razón, desde el profundo respeto, la compasión me lleva a la acción. Una acción que emana del reconocimiento del otro como mi prójimo.

Ha habido una utilización marcadamente religiosa o moral del término *prójimo*, pero lo cierto es que su significado en puridad es sencillamente un individuo cualquiera[5], es decir, cualquier persona respecto de otra. Su origen etimológico viene del latín *proximus*, que significa más cercano. Es el mismo origen de la palabra *próximo*, que a su vez viene del prefijo *prope* (cerca) y el sufijo *–ximus* (más). Por consiguiente, teniendo en cuenta el origen etimológico y el significado de la palabra en sí, podríamos decir que prójimo es cualquier persona que esté cerca de nosotros: el otro con el que nos encontramos en el ascensor, en la calle, en nuestro puesto de trabajo o en la cama del hospital, nuestros seres humanos más próximos. Por tanto, la compasión nos lleva a la acción en tanto reconocemos al otro como un ser humano próximo a nosotros, que está a nuestro lado o, incluso, que pone todas sus esperanzas en nuestras manos para que le cuidemos o, cuando podamos, le curemos.

Desde el otro hemos llegado al prójimo, y ambos nos constituyen como seres individuales. Pero ¿qué significa situar al prójimo en el centro de nuestro trabajo asistencial u organizativo? ¿Cómo traducir en realidades palpables la centralidad del ser?

Techos hermosos

¿Has pasado tiempo en una cama? Muchos dormimos en una cama, así que aunque solo sea por esa circunstancia, conocemos la sensación de estar en ella e intentar relacionarnos con otras personas. ¿Hemos sido conscientes de que solo por la posición en la que nos encontramos nos sentimos indefensos? Esta posición dificulta nuestra vocalización y nuestra estructura oral cambia, por lo que nuestra voz y capacidad de expresión se ve modificada y mermada. Tumbados en la cama, el campo de visión es muy limitado, apenas tenemos capacidad de movimientos y menos aún de reacción.

Atendemos a miles de personas a diario en esta posición. No es necesario que estén ingresados o sean residentes, es suficiente con que se encuentren en consultas externas, donando sangre o administrándose algún medicamento.

¿Cuántas señales o información están colocadas para que las personas que estén tumbadas en una cama las vean? ¿Cuánta decoración tenemos puesta de tal manera que quien la disfrute sean las personas en esta posición?

¿Cómo son nuestros techos? Aburridos, insulsos y sin ninguna capacidad comunicativa. Pues bien, es la parte de la habitación que más vemos cuando estamos encamados. Poner un vinilo con una frase estimulante o una imagen evocadora tiene un coste muy bajo. Si no tenemos acceso a vinilos con imágenes, inventemos la forma de decorar y hacer más adecuada aquella parte de la habitación que más tiempo van a contemplar estas personas, sin olvidarse de hacerlo con ellas.

Siguiendo con una situación similar, no es infrecuente que una persona entre en un hospital en una camilla. ¿Has viajado en una ambulancia tumbado en la camilla? Nuestro cuerpo no está diseñado para viajar en esa posición. Si a esto sumamos que el mero hecho de que nos trasladen en ambulancia supone que nuestro estado físico desaconseja que viajemos sentados hace que la desorientación sea aún mayor. Los desembarcos o entradas de ambulancias de urgencias deberían tener un mensaje escrito en el techo para orientar a los pacientes en el momento de su ingreso, algo así como: «Bienvenida. Bienvenido. Estás en el Hospital La Alegría». Los mensajes en los pasillos, si son adecuadamente diseñados, pueden aportar mucho a las personas que transitan por ellos en una camilla.

Por favor, ¡no molestar!

Hace algún tiempo, estaba acompañando en el proceso final de la vida a un familiar. Por diferentes razones, era preceptivo el ingreso y estábamos en un hospital. Las conversaciones con este familiar eran serenas pero, en muchas ocasiones, de una intensidad emocional muy grande. En repetidas ocasiones, en el momento emocionalmente más álgido de la conversación, alguna persona del personal asistencial entró de forma abrupta en la habitación a preguntar si ese día había defecado y, si así había sido, con qué características.

Los entornos asistenciales son lugares en los que con frecuencia brotan con fluidez las emociones y los sentimientos, son espacios en los que, con frecuencia, las conversaciones se tornan profundas e importantes en el plano emocional. Pero también son lugares en los que las personas tenemos derecho a una intimidad, a un espacio para el silencio o la meditación. No solo son lugares de trabajo para el personal asistencial, no solo son lugares donde nos atienden y nos recuperamos de una dolencia: *son entornos de vida*. Son espacios en los que las personas no tienen por qué compartir absolutamente todo con el personal asistencial o no asistencial.

Cuando regresé al hospital que en aquel entonces dirigía, me reuní con su comité consultivo social y, en colaboración con todos sus miembros (personal asistencial, personal no asistencial, representantes de la sociedad civil, representantes de asociaciones de pacientes, pacientes expertos, etc.), tomamos la decisión de implantar algo tan elemental como el cartel de NO MOLESTAR típico de los hoteles. Un elemento de muy fácil implementación y que contaba con unas sencillas instrucciones, tanto para las personas ingresadas y sus seres queridos como para el personal del centro. Así, si un miembro del equipo asistencial se encontraba con ese cartel en la puerta, si podía realizar la tarea en otro momento lo hacía; si no podía demorar el cuidado, llamaba por teléfono a la habitación para pedir permiso para entrar. Evidentemente, ante cualquier urgencia no existía cartel alguno.

La experiencia fue totalmente satisfactoria. El uso del cartel era muy moderado y se reducía exclusivamente a momentos puntuales. Las personas ingresadas o residentes tenían claro que podían ejercer su derecho a la intimidad. Los profesionales no encontraron absolutamente ninguna dificultad en la aplicación del procedimiento y no afectó lo más mínimo a su ritmo de trabajo.

¿Nos hemos planteado la inexcusable necesidad de privacidad e intimidad, incluso para las relaciones sexuales de personas ingresadas o residentes? La habitación en la que pudiera darse el caso de que pasemos años es nuestro santuario, es nuestro hogar y nuestro castillo. Es un lugar de trabajo, un espacio profesional, un entorno asistencial; pero solo en una pequeña porción de tiempo, apenas unos minutos al día... el resto es muchísimo más. Por eso necesitamos poder poner un cartel sencillo: NO MOLESTAR.

CUIDÁNDONOS

Cada vez más personas desarrollan una vinculación afectiva intensa con animales, con sus mascotas en particular. El apoyo emocional que puede suponer la presencia de su mascota es solo comparable con la presencia del padre o la madre para un niño pequeño. Esta realidad no debería desdeñarse en los procesos en los que buscamos mejorar la salud de las personas, una salud que tiene un componente emocional importantísimo y, sin duda, privar de la presencia de un apoyo sentimental importante genera un deterioro en la salud o ralentiza la recuperación.

Las organizaciones sanitarias deben adaptarse a la realidad social en la que prestan servicios. Son muchísimos los aspectos en los que nuestro entorno ha modificado la escala de valores y las percepciones en los últimos años.

A día de hoy, por suerte, ya hay unidades de cuidados paliativos en las que se permite la presencia de mascotas. Una opción que poco a poco se podría ir implantando cada vez más en los entornos asistenciales, máxime si se tuviese esa circunstancia en cuenta en sus diseños arquitectónicos. Solo hay que entender que es una prioridad para muchas personas.

Las relaciones entre animales y personas son bidireccionales, de tal modo que los unos cuidan de los otros y viceversa, en un proceso en el que pocas veces se puede dilucidar quién está cuidando de quién porque realmente estamos cuidándonos.

MIRA EN MIS OJOS

Mira en mis ojos y te verás reflejado en ellos, entero, tal y como eres, con tus virtudes, y también con tus defectos.

Me veo en tus ojos tal y como soy, entero, con mis bondades y mis tachas, ambos en plenitud, en totalidad con nuestro ser y dignidad intactos.

Personas sentadas, personas tumbadas, personas temerosas, personas alteradas, personas con los ojos empañados por las lágrimas, personas en extrema situación de fragilidad... todas ellas requieren que los profesionales de la salud tomen una decisión clara y consciente de mirarlas a los ojos, buscar el contacto visual agachándose hasta tener la cabeza a su altura, inclinando su cuerpo para facilitar ese abrazo que se puede establecer entre miradas y facilitando el contacto visual hablando con su mirada.

Los pedagogos y educadores infantiles, como Alba Castellví (socióloga, mediadora de conflictos y educadora), señalan que hay cuatro elementos imprescindibles para garantizar la comunicación con las niñas y los niños. El contenido de la información no es suficiente. Hay otros elementos, como el lenguaje corporal, el tono de voz o la mirada, que son determinantes en el éxito de la comunicación. Sugiere adoptar cuatro actitudes:

1. Agacharse hasta la altura de la niña o el niño: aconseja ponernos a su alzada en lugar de hablarles desde nuestro nivel.
2. Fijar la mirada en sus ojos: una vez a su altura, aconseja establecer contacto visual y mantener la mirada en los ojos; incluso, si es preciso, acercando nuestra cara a la suya y tocándole ligeramente el brazo.
3. Hablarle con voz serena: la voz ha de reflejar nuestra tranquilidad de ánimo. Se pueden dar las instrucciones e incluso las órdenes sin ninguna sombra de inquietud.
4. Hacer frases simples y cortas: las frases han de ser breves y sencillas, no han de incluir explicaciones y han de ser claras.

Mirada, voz e información son tres pilares que suponen la base de toda comunicación efectiva en todas las etapas de la vida del ser humano. «La mirada impacta en todos los ámbitos, pero especialmente en la relación educativa, en ese vínculo que estamos llamados a crear entre el alumno y el profesor. De esta manera, la primordial tarea educativa de cualquier docente es aprender a mirar. Es una tarea ineludible en cualquier proceso de crecimiento y es elemento indispensable para el encuentro»[6]. Quien así se expresa estoy seguro que convendrá conmigo en que, en idénticos términos, podríamos referirnos al entorno sanitario, a la prestación de cuidados, donde el vínculo que se genera entre las personas enfermas y aquellas que tratan de mejorar su estado de salud o, en su defecto, mejorar las condiciones en las que disfruta de la vida, es de importancia capital.

Eludimos la mirada cuando no queremos encontrarnos con el otro, cuando no queremos toparnos con su realidad, porque «mirar me interpela y afecta, yo decido cómo miro, según cómo quiero vivir las cosas, [...] mirar es una acción al servicio de la voluntad de vivir»[7]. En esa elección llevo mi compromiso. De ahí que nuestra mirada sea esquiva ante situaciones incómodas que no sabemos gestionar. Pero nuestra mirada también determina cómo queremos vivir, no solo nuestro ser profesional, sino que interpela toda nuestra vida porque tanto la mirada del otro como nuestra mirada son imprescindibles, son únicas. Como decía el filósofo Ortega y Gasset: «Donde está mi pupila no está otra: lo que de la realidad ve mi pupila no lo ve la otra. Somos insustituibles, somos necesarios [...] Cada vida es un punto de vista sobre el universo»[8]. Por tanto, nuestra mirada nos retrata ante la otredad, nos reconocemos individuos, personas, únicos y semejantes a la vez. La mirada está desnuda, no tiene uniformes, ni mascarillas, ni filtros hasta nuestro interior. La mirada no se estudia en los libros. El ser más humilde es capaz de leer en los ojos del otro si dedica un momento a la contemplación serena. La mirada es el marco en el que los seres se encuentran en puridad. Por eso, solemos resistirnos tanto al contacto visual directo. Seamos valientes. Somos profesionales de la salud, del cuidado, no superhéroes, no perfectos y, precisamente, ser capaz de mirar a los ojos forma parte inexcusable de nuestra profesionalidad porque establecer ese lazo de comunicación con las personas que confían en nosotros es la base de la relación asistencial. La relación asistencial es considerada como núcleo fundamental de la asistencia sanitaria centrada en la persona por el Foro de la Profesión Médica de España (FPME) y, por esta razón, desde junio de 2016, varias entidades médicas han planteado declarar esta relación asistencial como Patrimonio Cultural Inmaterial de la Humanidad para proteger y potenciar esa relación y sus valores, y defenderla de las amenazas a las que se encuentra sometida en la actualidad.

Volviendo a la mirada, «poder ver es un regalo, aprender a mirar es nuestra responsabilidad. Nuestra mirada es la base sobre la que se va construyendo mi labor formativa. Es imprescindible reconocer su poder transformador en cualquier relación, más aún en la educativa»[9]. Parafraseando a Sonia González-Iglesias, nuestra mirada es la base sobre la que se va construyendo nuestra relación asistencial con las personas. Es imprescindible reconocer su poder transformador en cualquier relación, más aún en la asistencial.

Sé que es arriesgado. Sé que muchas veces no es sencillo, pero es auténtico. Es la esencia del ser. Atrevámonos a mirarnos a los ojos. ¡Vamos a ello! Mirémonos a los ojos.

LA CENTRALIDAD DEL SER

Pasemos del discurso —muchas veces vacío— a la acción. Lo más importante de la compasión es que nos lleva irremediablemente a la acción para paliar de alguna manera el sufrimiento del prójimo, del que tenemos a nuestro lado. Pues bien, lo más importante de la gestión humanista, de la atención centrada en la persona, de la humanización de la salud y de la experiencia de paciente es, sin duda, dejar de hablar de ella y ponerse manos a la obra. Nadie se ha emborrachado jamás hablando de vino. Las cosas jamás se hacen o se transforman exclusivamente hablando de ellas.

Soy consciente de lo enrevesado de la expresión *centralidad del ser*, pero considero que reúne en sí, de una manera más proactiva, todos los conceptos que he mencionado y que, en el plano teórico, han tratado y tratan aspectos más o menos estancos de la prestación sanitaria y también asistencial. En el ámbito social se ha desarrollado mucho más y de una forma más profunda la atención centrada en la persona. En el ámbito sanitario se habla de humanización de la salud y, más recientemente, de experiencia de paciente y siempre oiremos en todos los foros la idea de poner al paciente en el centro. Pues bien, si pretendemos poner en el centro al paciente, a la persona, al usuario o a quien es la razón misma de nuestro ejercicio profesional, debemos hablar menos y hacer más.

Pensemos en estructuras arquitectónicas que realmente se diseñen a demanda de las personas que residen o que vienen a nuestros entornos asistenciales: qué necesitan por un lado, pero también qué desean o qué les gusta ver. No busquemos solo la satisfacción, que desde un punto de vista de centralidad del ser sería el punto de partida; busquemos que todas las interacciones que tenemos con las personas sean o tiendan a la perfección.

Hace poco oí con sorpresa cómo una importante *coach* de organizaciones especializada en la gestión del cambio en las instituciones decía: «¡No tengo tiempo para la perfección! Estamos en un momento histórico en el que la perfección no importa, ¡hagamos las cosas desde la imperfección!». Supongo que no se refería a la tarea de un cirujano cardíaco realizando un trasplante de corazón o a un piloto de avión aterrizando en condiciones adversas, o a un músico tocando una pieza especialmente hermosa. Hay millones de cosas que nos rodean en la naturaleza que sencillamente son perfectas y la tendencia a la perfección es, sin duda, una virtud que siempre deberíamos perseguir por muy utópica que pueda ser. Las artes tienden a la perfección, la gastronomía tiende a la perfección, la ingeniería tiende a la perfección, la gestión sanitaria tiende a la perfección y la prestación sanitaria debe ser perfecta. La perfección en la prestación no está ni mucho menos en la satisfacción, que sería como un aprobado en nuestras calificaciones. Los procesos de mejora continua, el *kaizen* (改善), el cambio a mejor o mejora, engloba el concepto de un método de gestión de la calidad muy conocido en el mundo de la industria. Es un proceso de mejora continua basado en acciones concretas, simples, poco onerosas y que implica a todos los trabajadores de una empresa, desde los directivos hasta los trabajadores de base[10]. *Kaizen* y búsqueda de la eficiencia, que no está reñida con la excelencia, logran, basados en la centralidad del ser, la perfección cuando menos se tiende a ella y un gestor sanitario que se precie no puede aspirar a menos.

Recuerdo mis años como consultor estratégico en el ámbito de la prevención de riesgos laborales. En esta disciplina, el objetivo de siniestralidad es siempre cero accidentes. Cualquier otro objetivo es, cuando menos, éticamente deleznable, puesto que significaría asumir que algún compañero debe perder la vida en el noble intento de ganársela. Pues bien, un gestor sanitario no puede tener otro objetivo que la perfección en su disciplina.

Te propongo que dejes por un momento el libro, cierres los ojos y pienses en una persona muy querida para ti. Desde la reflexión, pero pasándolo todo por el corazón. Analiza cómo la pones en el centro de tu vida. Piensa en cómo la miras a los ojos al hablar con ella, cómo usas tu voz para trasmitirle aquello que precisa en cada momento, cómo tratas de aportarle lo mejor para su crecimiento como persona, independientemente de la edad que tenga, cómo, siempre que puedes, satisfaces sus caprichos o sus deseos, cómo no hay horario si te necesita, cómo puedes sacar fuerzas de flaqueza ante la adversidad, cómo actúas para que alcance la felicidad.

Piensa en cómo estructuras tu hogar o los espacios que esa persona precisa. Piensa cómo organizas las tareas o los tiempos o los compromisos, partiendo de esa persona. Piensa en los planes de futuro con respecto a ella, cómo incorporas pequeños pasos que os conducen a un objetivo.

Eso es la centralidad del ser desde la profesionalidad y no desde la íntima afectividad: hacer que todo eso suceda y se viva de la forma más natural, como si realmente nada estuviera pasando. Y sí, ha de tener también un componente afectivo porque sin afecto es imposible conectar emocionalmente con las personas y, si no hay esa conexión, podemos llegar a afirmar que no hay una auténtica prestación sanitaria. Como mucho hay una concatenación de técnicas y conocimientos encaminados a lograr que un organismo siga conservando su funcionalidad en la medida de lo posible.

Quizás de donde emanan todos los problemas es de que planificar estratégicamente la prestación sanitaria en su conjunto no se suele realizar desde una auténtica perspectiva de centralidad del ser. Creo que he sido benévolo diciendo que no se suele porque lo cierto es que jamás he encontrado un sistema sanitario que se base en la centralidad del ser de forma efectiva. En algunos casos, se cuenta con la opinión de los pacientes. En muy pocos casos, esa opinión se traslada a los objetivos estratégicos de la política sanitaria; pero en ningún caso se pone la capacidad de incidir con fuerza en la toma de decisiones en manos de los destinatarios últimos. No existen comités ciudadanos que piloten la planificación estratégica de la prestación sanitaria. Es un ámbito de la vida pública sometida a la tecnocracia. Se concentra toda la representación social en el político al frente de la estructura del Estado al nivel administrativo que corresponda en esta materia; pero no existen estamentos intermedios que fomenten la participación ciudadana. Digo bien, ciudadana, porque la sanidad no le pertenece exclusivamente a los pacientes crónicos. Obviamente, son una parte muy importante en la participación social en la planificación estratégica, pero no la única. Toda la sociedad está interesada en mejorar las condiciones de salud de la ciudadanía. Por consiguiente, es toda la sociedad la que ha de poder participar de forma activa en la planificación estratégica de la política y la prestación sanitarias.

La innovación está muy ligada a la estrategia. En el micromundo de la sanidad, se innova muchísimo en aspectos como farmacología, técnicas terapéuticas o técnicas quirúrgicas. Es una innovación tecnológica, las más de las veces impulsada por la industria multimillonaria que existe alrededor de la sanidad. Se considera una actividad intensiva en alta tecnología. Pero no se innova mucho en ámbitos como la organización del trabajo, la distribución de tareas o incluso las profesiones sanitarias. Son instituciones muy piramidales con unas estructuras de gestión del talento más propias del siglo pasado que empiezan a generar muchos roces con las nuevas generaciones de profesionales que ya captan en todo el entorno que los modelos de captación y retención del talento, fuera del sector sanitario, son sustancialmente más atractivos y adecuados a los valores y cultura actual. Se realiza una innovación reactiva ante los acontecimientos y sin centrarse en la resolución real de los problemas. Innovar no es solo inventar un nuevo equipo tecnológico. No toda la innovación viene de la tecnología o de la informática. Lo innovador, en este momento histórico, es ser persona.

LOS HOSPITALES NO SON EDIFICIOS

Hace poco, un buen amigo me escribía desde el desierto en la Somalia etíope contándome su desesperación con los trámites burocráticos para importar todo el material que había comprado para dotar un nuevo hospital psiquiátrico y neurológico en la ciudad Oromo de Robe. Ya cuenta con todo el equipo humano asistencial y con el edificio. Al ser el primer centro de estas características del país, está garantizado que un elevadísimo número de personas precisarán asistencia en el centro. Pero no tenía el equipamiento técnico y hostelero para poder prestar una asistencia digna. Mi respuesta fue automática: «Estimado Angelo, un hospital no lo hacen las paredes, un hospital no lo hacen las camas, un hospital ni siquiera son los instrumentales médicos que precisamos o los fármacos. Ya cuentas con lo más importante, lo que realmente hace de un espacio un hospital: las personas».

Por consiguiente, cuando hablamos de la centralidad del ser, también hablamos de la centralidad del ser empleado, profesional, sanitario. No puedes dar aquello que no tienes. No puedes dar seguridad desde la incertidumbre de un contrato laboral por días o por horas. No puedes dar excelencia en la prestación con una retribución que no se corresponda con el nivel de cualificación técnica y la responsabilidad del puesto. No se puede aportar compasión cuando se es maltratado de forma institucional o jerárquica. No podemos construir desde la destrucción. Los expertos en experiencia de paciente siempre afirman que no se puede trabajar la experiencia de paciente en las instituciones sanitarias sin trabajar primero la experiencia de empleado.

Dicho esto, ¿cómo organizamos las tareas en las instituciones que prestan cuidados? Se estructuran los turnos conforme a la legislación laboral vigente por usos y costumbres del territorio y contemplando casi con exclusividad la aplicación de los protocolos sin importar lo más mínimo lo que las personas a las que cuidamos o tratamos de mejorar su salud piensen, opinen, digan o hagan. A las 7:30 toca poner el termómetro porque aquí siempre se ha hecho así para dejar el trabajo hecho para las compañeras o porque lo pone nuestro protocolo... no importa si el paciente ha pasado muy mala noche y justo a las 6 consigue conciliar el sueño.

La organización del trabajo ha de poner en el centro realmente a las personas que cuidamos, no a los profesionales, porque los profesionales son, ante todo, eso: profesionales, y han de gestionar su capacidad para desempeñar las funciones que les corresponden respetando la centralidad del ser, muchas veces frágil, al que tratan de curar o cuidar.

Cuando entramos en un restaurante queremos que las personas que nos atiendan sean agradables, nos sonrían y hasta, si es posible, nos hagan pasar un buen rato con sus comentarios y forma de gestionar la conversación mientras nos sirven. Pues bien, entendemos que esto debe ser así independientemente de que sea un restaurante en la playa, en plena temporada alta y esa persona lleve doce horas atendiendo sin parar a centenares de personas. Queremos que a nosotros nos sonría, nos preste atención, que no cometa errores y, además, que sea muy agradable. Es normal que deseemos esto, puesto que consideramos que son profesionales... exactamente igual que nosotros: profesionales.

La dimensión afectiva

Cuando hablamos de centralidad del ser también debemos tener en cuenta la dimensión afectiva de la gestión sanitaria. Podría parecer provocador, pero la gestión sanitaria está orientada a mejorar las condiciones de vida de las personas, de personas con nombres y apellidos, con un organismo sobre el que, en muchas ocasiones actuamos, pero también con una importantísima dimensión emocional y afectiva sobre la que también intervenimos no siempre deliberadamente y con un objetivo definido.

La Real Academia de la Lengua incluye entre los significados de la palabra afectividad 'el conjunto de emociones y sentimientos de una persona'. No entraremos en el vasto mundo de la psicología y la psiquiatría para analizar la importancia de estos aspectos en los procesos curativos de las personas. Pero sí es responsabilidad de los gestores sanitarios realizar una intervención profesional para garantizar la salud con mayúsculas de las personas, ya que el bienestar emocional y afectivo es inherente al propio concepto de salud.

Las emociones son vivencias subjetivas con una cierta intensidad, con manifestaciones fisiológicas y de carácter puntual en el tiempo. Suelen ser reactivas, es decir, son una reacción ante una circunstancia. En cambio, el sentimiento es más persistente en el tiempo, mucho más profundo y con manifestaciones fisiológicas muchísimo más débiles. Podría decirse que es un estado habitual del yo en lugar de una reacción ante una circunstancia. Los sentimientos son uno de los principales modos de vinculación con el mundo, puesto que estos estados del yo no lo son de forma aislada. Los sentimientos son ajenos a la racionalidad lógica, lo que no quiere decir que sean irracionales, simplemente son sentimientos, no razones.

La afectividad nos lleva ineludiblemente a aquello intrínseco al ser humano: la búsqueda de la felicidad, ya que, sin duda, los sentimientos resultan decisivos para ser feliz.

Los valores afectivos son los principios que rigen el comportamiento de las personas en el ámbito de los sentimientos y las emociones. Este tipo de valores persigue satisfacer necesidades básicas para el ser humano como, por ejemplo, amar y sentirse amado.

¿Cómo hacer gestión con énfasis en la dimensión afectiva? Sin duda, es uno de los retos más importantes, ya que implica la coordinación absoluta y cuasiperfecta de los equipos humanos que interrelacionan con las personas que ponen en nuestras manos su salud. Una coordinación que no se base, a su vez, en la planilla de turnos, sino que se base en el compromiso y los valores que todo el equipo humano asistencial se ha dado, por lo que requiere una gestión basada en valores, coherente y de compromiso, todo ello sin caer en buenismos y paternalismos. La valoración de la dignidad inherente a la condición de persona es uno de los pilares fundamentales en la actividad asistencial y sanitaria que requiere una gestión acorde con este criterio.

En muchas ocasiones, en los entornos asistenciales y más aún en aquellos con internamiento, establecemos de forma intencionada una especie de muro de cristal amparados en la necesidad de la profesionalidad para marcar o establecer distancias con los sentimientos, tanto los que brotan en los pacientes y familiares como los que se generarían en los profesionales de la salud. El escudo erróneo de la profesionalidad como elemento que nos separa de los sentimientos y la afectividad es frecuente por falta de preparación de los profesionales en la gestión personal de emociones y sentimientos. Es una falta de preparación que ya emana de su formación educativa de base. Se opta por la solución más sencilla, pensar que el ámbito de los sentimientos es otro, incluso se llega a considerar poco científico.

Lo cierto es que la gestión sanitaria debe estar totalmente centrada en la eficiencia, la equidad y la excelencia asistencial, valores que nos hacen mirar de frente el reto de poner en el centro al ser y, como consecuencia de esta centralidad, la dimensión afectiva y emocional se tornan en el eje sobre el que articular la intervención gestora. Si no es así, ni la eficiencia, ni la equidad, ni mucho menos la excelencia asistencial o la experiencia de paciente son realmente objeto de dirección, de gestión. Seremos meros administradores de presupuestos.

El gran reto de la innovación sanitaria es precisamente fomentar y potenciar la dimensión afectiva, los sentimientos y emociones que se apoyan en una relación directa con las personas. Deberíamos tratar de que la tecnología nos permita realizar una acción asistencial concreta y que, además de aportar valor empírico, se sustente en valores que vayan directamente al corazón, entendiéndolo como la raíz de toda nuestra afectividad.

Algunas ideas para la reflexión de todos los que estamos enamorados de la gestión sanitaria:

- Es necesario un enfoque sistémico en la atención centrada en la persona como eje sobre el que crear un árbol de cuidados. Si los condicionantes sociales son tan determinantes en la salud, los profesionales de los cuidados deberíamos plantearnos movernos con soltura por esos condicionantes.
- La gestión de sentimientos, emociones y todo aquello que aporta la felicidad a los seres humanos también se entrena, pero requiere un conocimiento práctico y no meramente teórico. La curva de aprendizaje en esta materia no termina nunca. Quizás debamos plantearnos incorporarla en los planes de estudios y en la formación continua.
- Es necesario abordar la soledad no deseada, ya que es uno de los mayores problemas de salud en la sociedad occidental con las ingentes cantidades de ineficiencia que ello genera en los sistemas sanitarios (falta de adherencia terapéutica, prevención de deterioro, etc.). La soledad supone un gran reto de gestión sanitaria que, realizada desde la dimensión afectiva, adquiere aún mayor relevancia.
- Es necesario tener en cuenta los lazos invisibles de la afectividad que unen a personas de diversa condición con y sin lazos de sangre, con y sin lazos jurídicos de matrimonios, adopciones o demás. Personas que deciden ser hermanos de forma libre o deciden ser padres e hijos... incluso, hoy en día, la vinculación afectiva con las mascotas tiene una trascendencia importantísima para el desarrollo de las personas. Por consiguiente, la centralidad del ser ha de contemplar la dimensión afectiva sin añadir más, pues cualquier añadido recorta la libertad suprema del amor.
- Es necesario afrontar las realidades asistenciales multiprofesionales, multicanal y con la integración total de los pacientes y sus familias en la toma de decisiones. Somos personas cuidando de personas trabajando en entornos asistenciales donde la vulnerabilidad y la fragilidad son abordados de la única forma posible: desde el respeto con amor, con ternura... como decía Camilo de Lelis: poniendo más corazón en las manos.

3
LEYES QUE NO SIEMPRE PONEN A
LA PERSONA EN EL CENTRO

Tratar de legislar sobre aspectos como la prestación sanitaria siempre es tarea ardua y extremadamente compleja, por lo que cualquier comentario sobre textos legales siempre se debería hacer desde el respeto al inmenso trabajo realizado, independientemente del mejor o peor éxito del texto legal en sí.

En este capítulo abordo una reflexión sobre la ley 41/2002, de 14 de noviembre, básica reguladora de la autonomía del paciente y de derechos y obligaciones en materia de información y documentación clínica de España[1]. Puede ser que esta parte del ordenamiento jurídico no te concierna porque estás leyendo desde otro país. En cualquier caso, te recomiendo la lectura como ejercicio de análisis sobre los axiomas que se establecen en esta norma.

La ley 41/2002, publicada en el Boletín Oficial del Estado de España el día 15 de noviembre de 2002 y conocida comúnmente como ley de autonomía del paciente, se basa de forma prácticamente exclusiva en la bioética principialista y esta, a su vez, bebe en el principio kantiano de autonomía. Cuando el imperativo al que obedece nuestra voluntad es incondicionado y, por lo tanto, totalmente autónomo, constituye un criterio de actuación que Kant llama principio de autonomía de la voluntad por oposición a cualquier otro, al que, por lo mismo, califica de heteronomía[2] (que no es otra cosa que ausencia de autonomía). Siendo evidente que la clave en el ejercicio de la autonomía es la ausencia de condicionantes que afecten a la libre elección, la bioética principalista aparece como respuesta a los abusos en las investigaciones clínicas en la década de los sesenta, sin olvidar las aberraciones de la investigación con seres humanos desarrollada por el gobierno de la Alemania nazi, lo que dio lugar a la redacción del código de Núremberg, donde se subrayaba la necesidad de contar con el consentimiento de quienes se incluyeran en una investigación clínica. El Congreso de los Estados Unidos creó la National Commission for the Protection of Human Subjects of Biomedical and Behavioral Research (Comisión nacional para la protección de los sujetos humanos de investigación biomédica y del comportamiento), que en el año 1978 publicó el Informe Belmont. Este informe contenía los principios básicos obligatorios que tendrían que seguir los ensayos clínicos para ser aprobados. Ya en la primera edición, se ordenaron estos principios por orden de importancia. Se colocaron en primer lugar el principio de autonomía, que apareció formulado como respeto a la persona; en segundo lugar, el principio de beneficencia y en tercer lugar el principio de justicia[3].

En 1979, Beauchamp (filósofo utilitarista) y Childress (deontologista) establecieron en *Principes of Biomedical Ethics* los principios en los que se asentaron las bases éticas para la investigación clínica y para los conflictos éticos que se suelen presentar en la práctica clínica. Al igual que la Comisión Nacional, colocaron en primer lugar el principio de autonomía, probablemente por las nefastas consecuencias de los abusos en la investigación sin el consentimiento de los enfermos. Sin embargo, a la hora de aplicar estos principios, no establecieron ninguna jerarquía entre ellos. La difusión de esta nueva disciplina —la bioética— con estos principios tuvo gran acogida tanto en América como en el resto del mundo occidental[4].

Los cuatro principios que establecieron estos autores fueron los siguientes:

1.º El principio de autonomía, que se refiere a la necesidad de tener en cuenta la voluntad del enfermo y su derecho a decidir en las decisiones médicas. Es un principio que no aparecía en el juramento hipocrático.

2.º El principio de no maleficencia o de ausencia de daño, que consiste en la prohibición de causar un daño intencionado al enfermo.

3.º El principio de beneficencia, por el que el médico siempre tiene la obligación de procurar el bien del enfermo y ha estado presente en la práctica médica desde los tiempos de Hipócrates.

4.º El principio de justicia, que se refiere a la distribución equitativa y ordenada de los recursos disponibles. Se colocó en cuarto lugar debido a que, cronológicamente, fue el último en integrarse en el escenario de los dilemas éticos de la medicina.

A pesar de que los autores de *Principes of Biomedical Ethics* insisten de forma reiterada en la ausencia de prevalencia de un principio sobre otros, la realidad de la práctica habitual es que el principio de autonomía prevalece sustancialmente sobre el resto de los principios. El criterio de actuación mayor en conflictos biomédicos de la bioética principialista consiste en que la «decisión sea autónoma, tomada por uno mismo como una libre deliberación, sin más influencias exteriores, porque solo así sería en verdad correspondiente a la dignidad humana. Eso sí, sin referencia alguna a una obligación moral, sino a obrar auténticamente»[5].

Sería de suponer que este principio de autonomía viene principalmente a equilibrar la relación entre médico y paciente, ya que nos aleja del antiguo paternalismo médico en donde el facultativo siempre tenía la última palabra.

Además de la bioética principialista, la bioética utilitarista, en la que el fin justifica los medios, ya que es éticamente aceptable lo que favorece a la mayoría, está calando en nuestras organizaciones sanitarias de tal modo que algunos autores contemporáneos de esta corriente, como Piter Singer, llegan a manifestar que hay seres humanos que son personas y otros que no lo son, ya que para él ser persona depende de la utilidad y del grado de consciencia[6].

Por último, debemos tener en cuenta la bioética personalista que surge a principios del siglo XX como respuesta al intento de los colectivistas marxistas y la derecha hegeliana de reducir conceptualmente el concepto de persona. A la vez, el concepto de persona se vio atacado por el individualismo exacerbado del liberalismo radical.

En la actualidad, la sociedad líquida descrita por Bauman, la extrema superficialidad, el pensamiento débil y el relativismo han ido desarrollando otros fenómenos que han contribuido a no ver en la persona un ser que existe en sí mismo como una totalidad, base de su dignidad. Entre estos fenómenos que tienden a cosificar el concepto de persona está el materialismo corpóreo (solo se cree en lo que se ve, se toca...) y el positivismo científico (solo se acepta como verdad lo que se puede comprobar empíricamente).

A la hora de valorar una acción humana, la bioética personalista considera que hay que tener en cuenta la acción en sí y la intención con la que se hace, porque hay acciones que aparentemente son buenas o neutras, pero, si las intenciones con las que se hacen son malas, quedarán calificadas como malas. Por lo tanto, ya desde el primer momento aparece un elemento en la ética personalista que la diferencia de las éticas autonomistas: bueno y malo, el bien y el mal. En estas últimas éticas, la moralidad radica fundamentalmente en la libertad. En la ética personalista, la libertad es la condición necesaria para que el sujeto que realiza la acción sea responsable de lo que hace. Sin libertad interior ni exterior no hay responsabilidad moral[7]. En resumen, para la bioética personalista la libertad de obrar es determinante para valorar la acción, mientras que, en otras bioéticas, se entiende como éticamente correcto todo lo que se realiza en libertad.

En ambos casos, el pilar fundamental en la valoración bioética es el concepto de libertad, que ha sido uno de los focos de la filosofía a lo largo de los siglos. Por esta razón, no entraré en esta disquisición que se aleja sustancialmente de mi capacidad intelectual. No obstante, y solo a título de reflexión porque incide sustancialmente en el tema que nos ocupa, me permito algunas ideas sueltas que solo pretenden estimular la reflexión individual. Sugiero que cierres el libro y te quedes pensando sobre tu libertad, la libertad de las personas que te rodean o la libertad de otras muchas personas.

¿Se puede actuar con libertad en un contexto de desinformación generalizada como consecuencia, incluso, de una hiperexposición a la información?

¿Se puede actuar con libertad en la toma de decisiones cuando la sociedad en la que vivimos no nos aporta los recursos que precisamos para cuidar a nuestros seres queridos?

¿Se puede obrar libremente en una situación de pobreza estructural, institucionalizada que nos condena inexcusablemente a la precariedad y la fragilidad?

Revisemos toda nuestra vida, nuestro obrar en estos momentos concretos, ¿no hay condicionantes que modifican nuestras decisiones y acciones?

¿Podemos tomar decisiones libremente sin disponer de los conocimientos técnicos necesarios para poder valorar realmente las consecuencias de nuestras decisiones?

Ciertamente, es importante trabajar la libertad a diario. Por eso, siempre es un buen momento para detenernos y reflexionar sobre nuestra propia libertad. Una reflexión que nos lleve a la acción, que nos haga actuar.

LEY 41/2002, A MODO DE ANÁLISIS PRÁCTICO

Pero analicemos más en detalle el texto legislativo al que me refiero. Como sucede en otros muchos textos legales, tiene una especial relevancia la exposición de motivos en la que, con carácter supranacional, se hace referencia al Convenio del Consejo de Europa para la protección de los derechos humanos y la dignidad del ser humano respecto de las aplicaciones de la biología y la medicina suscrito el 4 de abril de 1997 y que entró en vigor en el Reino de España el 1 de enero del año 2000 como auténtico inspirador de esta norma de ámbito nacional. Señala, asimismo, que «su gran valía reside en el hecho de que establece un marco común para la protección de los derechos humanos y la dignidad humana en la aplicación de la biología y la medicina. El Convenio trata explícitamente, con detenimiento y extensión, sobre la necesidad de reconocer los derechos de los pacientes, entre los cuales resaltan el derecho a la información, el consentimiento informado y la intimidad de la información relativa a la salud de las personas».

Es importante el artículo 2, en el que se recogen los principios básicos. En su punto segundo, señala: «Toda actuación en el ámbito de la sanidad requiere, con carácter general, el previo consentimiento de los pacientes o usuarios. El consentimiento, que debe obtenerse después de que el paciente reciba una información adecuada, se hará por escrito en los supuestos previstos en la ley». Es de destacar la inconcreción de algo tan extremadamente relevante como qué se considera información adecuada. Sin ninguna duda, esta es una cuestión de vital importancia, sobre todo en la práctica clínica habitual.

En el punto 3 del artículo 2 se lee: «El paciente o usuario tiene derecho a decidir libremente, después de recibir la información adecuada, entre las opciones clínicas disponibles». La elección libre se basa en la información adecuada. Por consiguiente, solo quien dispone realmente de toda la información, puede analizarla, comprenderla y asumir la responsabilidad de la elección libremente. Lo que se señala en este punto 3 está íntimamente unido a lo estipulado en el punto 6: «Todo profesional que interviene en la actividad asistencial está obligado no solo a la correcta prestación de sus técnicas, sino al cumplimiento de los deberes de información y de documentación clínica, y al respeto de las decisiones adoptadas libre y voluntariamente por el paciente». El deber de informar es inherente al propio ejercicio profesional según la ley. Por tanto, solo se produce un adecuado ejercicio de la profesión sanitaria si se informa de manera adecuada al paciente. El respeto a la decisión libre y voluntaria presupone ambos adjetivos, ambas características indisociables de la decisión. No son pocos los profesionales que se preguntan por su propia capacidad para valorar esa voluntariedad y aún menos la libertad, pues los condicionantes sociales, culturales e incluso afectivos pueden distorsionar la toma de decisiones de tal manera que lo que puede parecer libre y voluntario puede estar condicionado por elementos que están muy lejos del alcance de conocimiento de los profesionales.

En cualquier caso, y al margen de la extrema dificultad que entraña la certeza de que alguien decide libre y voluntariamente, lo que es un hecho es que los profesionales son los que han de velar y ser garantes de una adecuada información a sus pacientes. Deberíamos preguntarnos qué es *adecuada*. A continuación, apunto algunas características que debe tener la información que se da a los pacientes:

- Debe hacerse, tanto verbalmente como por escrito, en el idioma nativo de la persona a la que va dirigido.
- Se debe usar un lenguaje sencillo y que garantice el hecho comunicativo. Sin tecnicismos ni lenguaje sanitario.
- No se trata de entregar una o varias hojas para que la persona enferma las lea cuando tenga tiempo o cuando llegue a su casa.
- Ha de adaptarse a las capacidades cognitivas de la persona.
- Ha de incorporar toda la información existente en la literatura científica y no solo lo que *cubre* el sistema nacional de sanidad, el entorno asistencial en el que está el enfermo, la compañía aseguradora, lo que el facultativo domina o la técnica de que se dispone en ese centro.
- Ha de garantizar los tiempos necesarios para procesar la información que requiere cada persona.
- Ha de recibirse en un entorno adecuado, que garantice la intimidad, pero que también garantice la comodidad, la ausencia de distracciones que dificulten la comunicación (ordenadores o pantallas interpuestas entre el informante y el informado, por ejemplo).

- Ha de garantizar la perfecta comprensión de los pacientes cuando tengan una discapacidad o diversidad funcional.

Te sugiero que añadas características a lo que tú consideras una información adecuada en la toma de decisiones sobre tu salud para reflexionar ahora sobre cómo es la información que damos o se da hoy en la inmensa mayoría de los procesos. Evidentemente, estoy convencido de que hay muchísimos profesionales y muchísimas instituciones que dan una buena información, pero también somos conscientes de que en la inmensa mayoría de las ocasiones la información que se provee no es adecuada a tenor de las características que hemos descrito.

Evidentemente, si el pilar fundamental de la libertad y la voluntariedad, que es la información adecuada, se derrumba, todo lo que rodea la posibilidad de autonomía colapsa. La autonomía no se puede dar sin la garantía plena y absoluta del derecho y obligación en materia de información.

El artículo 4 establece muy claramente quiénes son los responsables legales de garantizar esa información. El médico responsable del paciente tiene ese deber, pero también todos los profesionales implicados en el proceso asistencial. Esto incluye que cada vez que se administra un tratamiento o se realiza cualquier actuación, toda persona tiene derecho a conocer absolutamente toda la información disponible sobre dicha actuación. Este derecho legal y ético se traduce muchas veces en algo tan básico como decir: «Hola Fernando, soy Andrea, tu enfermera en este turno. Voy a administrarte un paracetamol para prevenir el dolor después de tu operación». Como es lógico, Andrea lo anotará en el registro pertinente. Lo que no suele ser tan frecuente es que, además, se anote también en la hoja de tratamiento a disposición de Fernando y quien él determine porque, sin necesidad de pedir toda la historia clínica, Fernando tiene derecho a saber en todo momento el tratamiento que está recibiendo.

Uno de mis artículos preferidos de esta norma legal es el que habla del derecho a la intimidad[8]. Son solo dos párrafos, pero son extremadamente contundentes y clarificadores. Todo el personal asistencial debe velar en todo momento por la intimidad de las personas. Soy consciente de la gran dificultad que entraña cumplir este mandato legal cuando se está prestando asistencia sanitaria porque, en muchas ocasiones, se trabaja con personas en circunstancias especiales; pero aun asumiendo esta dificultad, deberíamos hacer un esfuerzo sustancialmente mayor: puertas abiertas de cuartos de baño cuando están siendo usados, camisones abiertos por detrás, comentarios sobre aspectos íntimos de las personas, etc., son realidades que se pueden observar dando un simple paseo por muchos hospitales.

Hace ya unos años estaba en una intervención quirúrgica de un paciente con cáncer de tiroides cuando presencié cómo entraban en el quirófano un grupo de siete residentes de cirugía. Se colocaron alrededor del paciente y el equipo sanitario que estaba realizando la intervención y, mientras el cirujano describía la cirugía, los siete residentes sacaron su teléfono móvil y comenzaron a tomar fotografías. Entrar con un teléfono móvil (obviamente sin esterilizar) en un quirófano, desde un punto de vista de garantía de asepsia, ya es un hecho aberrante. Tomaron decenas de fotografías con equipos sin ningún tipo de control de usuarios que, con absoluta certeza, compartieron por aplicaciones que no están diseñadas para garantizar la privacidad y todo ello con una naturalidad pasmosa. La naturalidad que da la cotidianidad.

Este hecho sucedió en un gran hospital de primer nivel en una gran ciudad de España. Es una realidad con la que nos podemos encontrar en múltiples entornos asistenciales donde actualmente no es frecuente que existan restricciones importantes a usar equipos tecnológicos personales. Las oportunidades de mejora en esta área son definitivamente muy amplias.

Por último, un elemento clave en el ordenamiento jurídico sanitario es el consentimiento informado, que se desarrolla en el artículo 8 de esta ley y que en su punto 1 señala: «Toda actuación en el ámbito de la salud de un paciente necesita el consentimiento libre y voluntario del afectado, una vez que, recibida la información prevista en el artículo 4, haya valorado las opciones propias del caso». ¿Cómo garantizamos la valoración de las opciones propias del caso? La medicina no es una ciencia exacta dado que los condicionantes y variabilidades son importantes. De hecho, los buenos médicos están siempre estudiando, durante toda su carrera, porque la *lex artis* evoluciona y con frecuencia se ve sustancialmente modificada. ¿Cómo pueden valorar las personas sin conocimientos técnicos aquello en lo que un estudioso e incluso un erudito tiene dudas?

Es de vital importancia describir todas las opciones propias del caso. Que no nos pase desapercibida la palabra *todas*, pues resulta capital. ¿Realmente nos ofrecen todas las opciones? Hay veces que ponemos límites a las opciones y las reducimos a las que realmente creemos que están a nuestro alcance. Si no contamos con un sistema robótico Da Vinci en nuestro hospital o en nuestra área sanitaria, no lo proponemos, aunque sepamos que es el mejor estándar. Si para la hiperplasia benigna de próstata no dominamos o no disponemos de un Láser Holmium (técnica HoLEP), referimos exclusivamente el Láser Verde, a sabiendas de que no es la técnica más avanzada. Si existen alternativas que no están cubiertas por el sistema público de salud porque no han entrado por diferentes razones en el catálogo de medicamentos que cubre la sanidad pública, nos atrevemos a decir a un enfermo de cáncer que se han terminado sus posibilidades terapéuticas. Limitamos la información sobre opciones terapéuticas a nuestro entorno, a nuestras capacidades o a las limitadas opciones que aparecen en la lista de un ministerio.

Por otra parte, y ante el temor a una demanda, se suele practicar una medicina a la defensiva. De ahí que la inmensa mayoría de los facultativos usen como documento de consentimiento informado el propuesto por la sociedad científica a la que pertenecen en base a su especialidad médica. Esto implica, como es lógico, la no especificidad del documento y su longitud puesto que, al ser genérico, debe cubrir absolutamente todas las hipótesis. ¿Cuántas veces nos leemos los interminables contratos o documentos con un tamaño de letra minúsculo que nos dan a firmar en los bancos? Pues en demasiadas ocasiones (porque una ya es demasiado) esto sucede también con algo tan delicado como nuestra salud. De hecho, como persona enferma que se ha de poner en manos del personal sanitario existe la percepción de que, si lo leyeses, no pondrías ningún remedio a tu enfermedad, no realizarías la acción terapéutica para la que te piden el consentimiento informado.

Sin ánimo de ser antisistema, me gustaría proponer que simplemente reflexionemos sobre un hecho que hoy se está dando con mucha frecuencia, que es confundir lo legal con lo ético. Se oye con demasiada frecuencia: si es legal, se puede hacer. Es porque es bueno, es adecuado. Lo cierto es que el régimen nazi también tenía un importante ordenamiento jurídico. Las dictaduras y los estados más violadores de los Derechos Humanos se amparan en muchas ocasiones en leyes aprobadas en sus parlamentos. Pues bien, incluso en los estados más avanzados, las normas legales no siempre son garantes de una acción éticamente correcta por muy legal que sea. La norma que hemos analizado ha supuesto una mejora importantísima en la prestación sanitaria, ha puesto en el centro a las personas y eso es de un valor incalculable. Eso no significa que no tenga disfunciones u oportunidades de mejora sustanciales. Avancemos en un ordenamiento jurídico donde se preserven derechos para los que pueden estar en condiciones de vulnerabilidad. Una persona enferma, tenga el nivel de renta que tenga, es una persona vulnerable.

En nuestro propio proceso de crecimiento personal debemos incorporar con urgencia el derecho a la vulnerabilidad porque todas y todos, tarde o temprano, nos constituimos inexorablemente en vulnerables, humana y maravillosamente vulnerables.

4
DECRECIMIENTO

Hace ya unos años, en una tarde apacible en un pequeño pueblecito de la costa ecuatoriana llamado Manantial de Guangala, estaba disfrutando del descanso en mi hamaca colgada entre los dos pilares de mi casita cuando mi estimado amigo Melquíades me saludó mientras caminaba pasando a mi lado.

— ¡Buenas tardes, mi estimado!

— ¡Buenas tardes, don Melquíades! ¿Ya de regreso de su panadería?

— Así es. Ya me voy para la casa, que el día ha sido bueno y ya está todo vendido.

— Siéntese acá un ratito para conversar —le dije. Dígame, Don Melquíades, si todos los días vende todo su producto es porque fabrica menos del que puede llegar a vender. Si usted preparase más masa y hornease más pan, a buen seguro vendería mucho más. Con ese incremento en las ventas, usted dispondría de más beneficios, que supondrían más dinero con el que podría comprar bienes tanto para usted como para toda su familia.

Don Melquíades, con mirada profunda, no perdía ni un detalle de mi disertación.

— Tiene usted razón, don Javi. Lo que sucede es que disponemos de todo lo que necesitamos en mi familia. Es importante no necesitar mucho para ser feliz. Ahorita, bien temprano, ya me retiro a la casa y allá la paso con mi esposa, jugando con mis hijos y disfrutando de las conversas con los buenos amigos como usted. Ciertamente poco más le puedo pedir a la vida.

Algunos autores han descrito el modo de vida esclavo como aquel en el que tendemos a pensar que seremos más felices cuanto más dinero ganemos, cuantas más horas trabajemos y, sobre todo, cuantos más bienes consigamos consumir[1].

Sin duda, este modo de vida está en entredicho en estos momentos. Las nuevas generaciones en general, y las de los profesionales de la salud en particular, son plenamente conscientes de que el futuro que quieren no es ese. Su búsqueda de la felicidad, como principal razón de ser, encamina su quehacer diario profesional por otros derroteros muy lejos de ese paradigma centrado en el trabajo, la exaltación del acopio de capital y el consumo indiscriminado de bienes. Ciertamente, estamos en un momento de inflexión, de revolución en su acepción de 'cambio rápido y profundo en cualquier cosa'[2].

Muchos jóvenes sanitarios se están volviendo consecuentes y ponen en el centro de su vida otras metas y otras razones de ser diferentes de la expansión de la producción, el consumo y una vida íntegra dedicada a los hospitales o centros asistenciales en los que trabajan. Hay jóvenes profesionales dispuestos a dejar las ciudades y hacer de su profesión sanitaria un modo de sustento económico que les permita retornar a entornos naturales donde apostar por la *real life*, la vida plagada de sentido y sentidos, sin estrés, sin ansiedades, donde puedan ir caminando hasta su puesto de trabajo, hacer las cosas con tiempo y sentirse parte de una pequeña comunidad local que les reconoce como activos no solo con conocimientos asistenciales, sino culturales, deportivos, afectivos o sencillamente relacionales.

QUÉ ES ESO DEL DECRECIMIENTO

El término fue usado por primera vez en 1979 por el ecologista rumano Nicholas Georgescu-Roegen. Aunque no se empleó hasta 2002 como etiqueta de una propuesta conceptual política.

El decrecimiento es una respuesta conceptual a la necesidad de un análisis económico y de mejora continua en la gestión de los recursos que, por definición, son finitos. Como desarrollo conceptual que es, el decrecimiento no es una alternativa, no es una teoría ya construida en su totalidad. Cada cultura deberá crear su propia visión y opción de decrecimiento. Cuanto más se pasa del ámbito teórico al práctico, más depende del contexto.

En mi última estancia en la Amazonía, el pueblo waorani me bautizó con el nombre de Kemo, que en su idioma significa ardilla. Inicialmente, hubiera preferido algún nombre más apasionante, sugerente o enigmático. Aunque sin duda, Kemo es mi nombre. Los waoranis son el último pueblo amazónico encontrado en Ecuador en la década de los cincuenta. Mantienen una forma de vida muy tribal y el uso del dinero es esporádico. Sin duda, el desarrollo de la propuesta del decrecimiento será sustancialmente diferente a la que pudiera dar la sociedad suiza, por ejemplo. Pero hay elementos conectores entre ambas culturas que hacen del decrecimiento un mismo sentir: su capacidad de generación de dignidad y equidad en la sociedad.

En la propuesta del decrecimiento lo que destaca es una clara y alegre reivindicación de la vida social frente a esa vida obsesivamente marcada por el consumo, la productividad y la competitividad que nos ofrecen hoy, interesadamente por todas partes[3]. No debe ser una *reacción* ante la catástrofe venidera del cambio climático. El decrecimiento debería brotar del convencimiento de la civilización por la justicia, una justicia que es garante de la paz y que fomenta la dignidad de todo ser humano, que facilita la vida de las personas en sus entornos culturales y sociales, una sociedad de la sobriedad voluntaria que recobra el sentido de la mesura.

Un solo escenario es a la vez creíble y sostenible: el de la sobriedad, que constituye la base de la vía del decrecimiento[4]. Adaptar el modo de obrar individual, grupal/institucional y social a esta sobriedad y mesura es la forma de pasar del marco teórico al práctico. Es la forma de materializar de forma real la propuesta conceptual del decrecimiento.

No se puede confundir el decrecimiento forzado, que es el crecimiento negativo de las crisis, con el proyecto político de la elección controlada y dirigida del decrecimiento. Nada tiene que ver el decrecimiento sufrido, la pobreza o el crecimiento negativo con el decrecimiento elegido, voluntario y como opción de vida. Sería comparable a una cura de austeridad emprendida voluntariamente para mejorar el propio bienestar cuando el hiperconsumo llega a amenazarnos con la obesidad. En cambio, el crecimiento negativo es la dieta forzada que puede llevarnos a la muerte por inanición[5].

El principal indicador económico mundial es el producto interior bruto (PIB)[6]. Este indicador macroeconómico contabiliza como crecimiento exclusivamente todo aquello que supone producción y coste, lo que supone un ingreso o un gasto. Por consiguiente, un bosque transformado en papel incrementa el PIB, mientras que un bosque creciendo y que no se explota, decisivo para la vida, no se considera riqueza porque mientras está creciendo no genera ni ingresos ni gastos. Otra forma de identificar este indicador es que, si dedicamos el 5 por ciento de la población de un país a hacer zanjas y otro 5 por ciento a taparlas, ese país mostrará el mismo PIB que otro país que haya destinado el 10 por ciento de su población a producir bienes de consumo o a mejorar la salud, la educación o el ocio.

Por otra parte, en las estadísticas solo se muestran los costes de extracción de los recursos naturales y no sus costes de reposición ni los costes inherentes a su pérdida definitiva; es decir, no contempla el ciclo completo de la explotación de recursos, solo ve aquello que se ejecuta.

Nos podrían sorprender cosas como que el PIB se ve incrementado en los atascos (compra de combustible, accidentes, deterioro de los vehículos, etc.) y con la inseguridad ciudadana (compra de medidas de seguridad, necesidad de más personal para cubrir la inseguridad, etc.). Pero es que, además, dado que solo tiene en cuenta las transacciones económicas, los trabajos domésticos, los cuidados o los trabajos realizados de forma voluntaria no tienen cabida en el PIB. Si a esto añadimos que, dado que a nivel mundial son los trabajos domésticos y los cuidados tareas eminentemente realizadas por mujeres y más aún en los países vulnerables, el PIB introduce dos sesgos importantes: el de género y el de estatus económico. Hay que tener en cuenta que el trabajo doméstico, de ser remunerado, supondría el 9 por ciento del PIB mundial.

Pues bien, después de esta aproximación a este indicador hay que señalar que el omnipresente PIB es el que dirige la economía mundial a pesar de que son muchos y variados los problemas que tiene y es también el que rige el horizonte de la *religión del crecimiento infinito* en la que nos encontramos.

Es cierto que han surgido otros indicadores como el Índice de Desarrollo Humano (IDH), elaborado por el Programa de las Naciones Unidas para el Desarrollo (PNUD), que se centra en tres aspectos distintos: una vida larga y sana medida en la esperanza de vida al nacer, el conocimiento, medido en años previsibles de escolarización de los niños y años medios de escolarización de los adultos, y una calidad de vida decente, considerada con el producto nacional bruto per cápita. Aunque el IDH tampoco tiene en cuenta factores como el medio ambiente, la pobreza o la desigualdad, sí permite apreciar el progreso humano. También hay iniciativas de países periféricos, como Bután, que consideran también la felicidad y la sostenibilidad en su felicidad nacional bruta (FIB), un indicador que acompaña al PIB desde 1972 como medidor del progreso en ese país. Pero lo cierto es que, a pesar de que existen varios formatos de indicadores mundiales, regionales, nacionales o incluso infranacionales, es el PIB el que finalmente marca obsesivamente la senda del crecimiento económico, se le denomine sin apellidos o se le adjetive, desde el Green New Deal, como sostenible. El crecimiento económico sostenible es más frecuentemente denominado desarrollo sostenible. Aunque este se asienta sobre la misma teoría de crecimiento permanente e infinito en el tiempo, le añade el matiz de sostenibilidad como garantía de esa continuidad temporal, una sostenibilidad que en ningún caso podrá garantizar ese crecimiento ilimitado porque respetar el entorno no es el único factor que garantiza el crecimiento permanente.

En la actualidad, al desarrollo sostenible se le da una respuesta teórica desde el posdesarrollo, que preconiza que debemos concebir y promover una sociedad en la que los valores económicos dejen de ser centrales y prácticamente únicos, donde la economía sea devuelta a su lugar como medio de vida humana y no como fin último. Se trata de poner en el centro de la vida humana otras significaciones y otras razones de ser diferentes de la expansión de la producción y el consumo[7], donde las líneas entre consumidores y consumidos muchas veces son difusas y permeables.

Slow

Lento, lentamente, el movimiento *slow* es una corriente cultural que promueve calmar el ritmo de vida de las personas. Propone tomar el control del tiempo en vez de someterse a su tiranía dando prioridad a las actividades que redundan en el desarrollo de las personas, encontrando un equilibrio entre el uso de la tecnología orientada al ahorro del tiempo y el tomarse el tiempo necesario para disfrutar de actividades como pasear o socializar. Los ponentes de este movimiento creen que, aunque la tecnología puede acelerar el trabajo, así como la producción y la distribución de comida y otras actividades humanas, las cosas más importantes de la vida no deberían acelerarse[8].

Todo nació como un contratérmino a la *fast food* (comida rápida), en protesta por la apertura de un restaurante McDonald's en la romana Piazza di Spagna en 1986. En ese momento se creó la organización Slow Food. Después, el concepto se expandió a otras áreas como la moda, la filosofía de vida, incluso más recientemente las ciudades. En 1999, surgió el movimiento Citta Slow y, con él, la idea de que el desarrollo de las ciudades se puede basar en la mejora de la calidad de vida. Partiendo de esa idea, aparece el concepto de *slow cities* o ciudades lentas. Suelen ser ciudades de menos de 50.000 habitantes ubicadas en cualquier parte del mundo, muy diferentes entre sí, pero unidas por un objetivo común: mejorar la calidad de vida de sus ciudadanos a partir de propuestas vinculadas con el territorio, el medio ambiente o las nuevas tecnologías[9].

CONVERSEMOS

En cualquier desplazamiento que realicemos hoy mismo en el metro de nuestra ciudad podremos comprobar como más del 80 por ciento de los viajeros están absortos en sus teléfonos móviles y por lo menos la mitad de ellos llevan cascos que los aíslan totalmente del mundo que los rodea. Caminar por la calle con un elemento que nos aísla del entorno es cada vez más frecuente. Es un elemento que muchas veces nos hace permanecer en nuestra burbuja confortable con nuestra música elegida, los sonidos escogidos o, sencillamente, la voz serena que nos traslada a otro mundo, a otro lugar. Nuestras oportunidades para generar contactos, bienes relacionales, se ha visto reducida muy bruscamente por una supuesta libertad en la elección que permanentemente nos atribuye el derecho de escoger lo que sentimos, lo que oímos, lo que vemos e, incluso, casi el lugar en donde estamos, porque podemos estar sentados en el metro, pero realmente vivir, sentirnos o vernos en la cocina de un chef famoso que nos enseña a hacer una tarta de chocolate. El aquí y ahora han dejado de ser trascendentes se vuelven apenas soportables cuando nos requieren mantener nuestra atención durante más de cuarenta minutos. De ahí que el teatro esté perdiendo espectadores: supone un esfuerzo inasumible en muchos seres humanos. Resulta de todo punto de vista imperativo para la mejora de los entornos sociales potenciar los bienes relacionales, favorecer espacios de interrelación, de retorno a la vivencia cercana y apasionante de una sencilla conversación.

El decrecimiento propone rescatar los bienes relacionales, ponerlos en valor y que tengan su trascendencia en el desarrollo económico.

Bienes comunes

Desde una perspectiva económica y jurista, existen los denominados bienes comunes, que presentan dos características: no rivalidad (la cantidad de ese bien disponible no disminuye por el hecho de que otros también se beneficien de él) y no exclusión (el acceso a este tipo de bienes es libre). Ejemplos de este tipo de bienes comunes son las carreteras, el alumbrado público, la lengua, la propia cultura, la radio, la televisión, la luz solar, el aire o el marco legal y constitucional. Los bienes relacionales son bienes comunes y además vividos porque precisan de dos o más personas para que tengan lugar.

Estos bienes comunes vividos son elementos que difícilmente se tienen en cuenta en los contextos productivistas y utilitaristas actuales. Pero, como diría Albert Uderzo[10], «¿todos? ¡Todos no!, una aldea de irreductibles galos...». En el caso que nos ocupa, los bienes comunes vividos no se dejan de lado en todos los contextos. En el sector de la salud aún hay esperanza.

¿Decrecimiento en la sanidad?

Ante la realidad del crecimiento casi exponencial de la demanda, con los problemas de sostenibilidad de los diferentes sistemas sanitarios, con la aparición permanente de nuevas enfermedades, pandemias y demás problemas añadidos, con el incremento de la esperanza de vida, que se sustenta sobre la presión asistencial que generan los pacientes crónicos y mayores, ¿cómo encajamos el concepto de decrecimiento?

Decrecer en sanidad no tendría en absoluto que ver con reducir prestaciones, sino precisamente, como hemos visto, con anteponer los valores éticos de la actividad asistencial. Tiene que ver con aproximar a los ciudadanos para mejorar sus condiciones de vida. Parafraseando a Henri Didon: «más rápido, más alto, más fuerte»[11], que, en nuestro caso, sería *más eficiente, más cercano* y *más presentes*.

La eficiencia se ha de basar en una sobriedad y mesura en la gestión que garantice un resultado en salud lejos de otros aspectos decorativos o vistosos.

En el ámbito sanitario se invierte con enorme frecuencia en equipamientos de última generación, por ejemplo, en sistemas robóticos de apoyo a las cirugías cuya dimensión social es nula, ya que su uso solo es viable en una minoría de la población, que, además, tiene alternativas terapéuticas muy similares en resultados. Estas estratosféricas inversiones suponen muchas veces el abandono de tareas básicas de prevención por un mero principio económico: si nuestros recursos son limitados y los dedicamos a un área, dejamos de hacerlo en otra. Si invertimos varios millones de euros en un equipamiento que prevemos usar en ocho cirugías al año, esos varios millones de euros no los podemos destinar a prevención o atención primaria, lo que afectará a varios miles de ciudadanas y ciudadanos. Esto sin entrar en el coste de oportunidad, que no es más que las ganancias en salud que la sociedad recibiría y que deja de obtener porque se ha tomado la decisión de invertir esos varios millones en un equipo tecnológico que realizará un número muy reducido de intervenciones y, además, sin aportar un elevado valor a la cirugía, entendido el valor como mejora sustancial para el paciente en relación con otras técnicas quirúrgicas que se le pueden aplicar. En este caso, la sobriedad y mesura se trasforman en la eficiencia de la inversión sanitaria.

La farmacéutica que ha puesto a la venta el primer medicamento con efectos sobre la obesidad ha incrementado un 43 por ciento sus ventas en el último año y ha llegado a 14.450 millones de euros. Es la empresa farmacéutica con mayor crecimiento del mundo, triplicando al resto. Muchas de esas ventas han sido sufragadas por dinero público, que subvenciona en parte su adquisición. Se trata de una inversión en fármacos y no en la promoción eficaz de una dieta saludable, de una tendencia al consumo de productos de proximidad y de slow food, que mejoraría sustancialmente las condiciones de salud de la población a un menor coste y, sobre todo, con un incremento considerable de la permanencia de los resultados de salud, por no entrar en los beneficios económicos colaterales que generaría.

Ser más cercanos implica incrementar la capilaridad en los territorios de nuestros entornos asistenciales. La prestación sanitaria adquiere una dimensión de kilómetro cero, de proximidad, de estar pegada al terreno, conociendo en detalle a nuestros usuarios, a nuestros conciudadanos a los que servimos y acompañamos en sus procesos vitales, facilitando así al prestador asistencial el cuidado, auténtica razón de ser de quien dedica su profesión a la salud.

Estar más presentes consiste precisamente en eso, en acompañar a las personas en toda su vida para que la prestación sea realmente personalizada: no aparecer solo cuando circunstancialmente están enfermas o se convierten en pacientes. La medicina preventiva es lo más parecido a la medicina predictiva, siempre y cuando se haga de forma participativa y con una clara vocación poblacional[12].

¿Podríamos hablar de *slow health*?

Muchos profesionales sanitarios claman por más tiempo para poder atender a sus pacientes. Quieren hacer una medicina, una enfermería y una atención sanitaria más lenta, más tranquila y detallista con las personas que circunstancialmente están enfermas...

¿Qué opinas? ¿Qué características tendría? Si te animas a pensar sobre el tema y a valorar opciones y quieres compartirlas conmigo, será un placer leerte. Puedes encontrarme en: <www.globalhealthcaremanagement.health>.

En todo, amar y servir

Esta máxima ignaciana es un buen eslogan, una buena predisposición vital para esta época nuestra en que vamos sobrados de egoísmos. No pensemos únicamente en el amor romántico y focalicemos el amor en otras muchísimas dimensiones en las que recibe otros nombres: amistad, compañerismo, buena vecindad, respeto, pasión, etc. Es verdad que resulta complejo porque las relaciones humanas lo son, pero los profesionales de la salud deberíamos aprender a mirar con benevolencia, a comprender las vidas de los otros, a desearles el bien y a trabajar por ello. Es en este momento donde entra el concepto de servicio como entrega a la loable tarea de dejar el mundo un poco mejor de lo que lo encontramos o, cuando menos, no empeorarlo. Servir es la predisposición a colaborar con el otro para sanar, paliar, ayudar y cuidar. Servir es una de las características que nos hace más humanos porque realizamos el cuidado de otros seres humanos y del entorno mediante el servicio. Sin espíritu de servicio es imposible acometer ningún cambio en la sociedad. Es la base del trabajo de los movimientos sociales y de la sociedad civil. Es el pilar sobre el que se sustenta la búsqueda del bien común, que debería ser la política.

En el activismo de los movimientos sociales es donde el servir comunitario se transforma en energía regenerativa de la sociedad, una sociedad que solo puede evolucionar por medio de un servicio generoso. Ciertamente, la propuesta del decrecimiento solo se puede contemplar en un marco de desarrollo profundo de la sociedad civil, trabajada colectivamente, pensante, con espíritu crítico, que promueva el kaizen, la mejora continua.

Desarrollemos, a modo de ejemplo, algunas formas de ejercer de forma práctica una opción individual o colectiva por el decrecimiento. Son posiciones que tienen repercusiones en valor medido en salud.

VIVE YASUNÍ

El 20 de agosto de 2023, el pueblo ecuatoriano se pronunció en referéndum a favor de no explotar el yacimiento petrolífero existente en el subsuelo de la reserva natural de Yasuní, uno de los cinco lugares con megadiversidad biológica del planeta. Así escrito parece cosa sencilla y simple, pero lo cierto es que es una renuncia voluntaria a una riqueza que podría sacar al país andino de su pobreza económica, que podría aportar a cada uno de los ciudadanos de la República del Ecuador una importante suma de dinero, se entiende que de forma indirecta. Sin embargo, el pueblo se pronunció claramente en contra del deterioro del medio ambiente, se pronunció a favor de la vida, de la diversidad ambiental, cultural y étnica. Se erigió como paladín del ser humano, pues su decisión les trasciende en mucho, ya que afecta a toda la humanidad.

Este es un ejemplo manifiesto de apuesta por el decrecimiento en los términos señalados antes, anteponiendo los intereses de la humanidad entera a los propios, apostando por el futuro y no por el presente inmediatista. Sin duda es un auténtico ejemplo de generosidad social encomiable, digno de un retorno importante por parte de la comunidad internacional que, sin duda, no se producirá. En el Yasuní está el bloque petrolero 43-ITT, uno de los de mayor proyección del país en términos económicos, puesto que insufla unos 1.200 millones de dólares a la economía nacional. Son números importantes cuando hablamos de un bloque que podría estar produciendo esta cantidad de dinero durante más de veinte años. La decisión de los ecuatorianos tiene números concretos detrás. Hay datos que avalan la inmensa generosidad y la opción colectiva por el decrecimiento.

Por desgracia, son muy frecuentes los discursos, las propuestas teóricas e incluso el postureo en las redes sociales, pero es mucho menos común encontrarse con ejemplos concretos de una acción social que supone una pérdida de poder adquisitivo a corto plazo para una población y, a pesar de ello, esa población opta por la altura de miras, por los valores éticos y por ofrecer al planeta una auténtica oportunidad para su salud.

Obsolescencia programada

La obsolescencia programada es la acción intencionada que realizan los fabricantes de equipos para que los productos dejen de ser operativos en un tiempo determinado y los consumidores tengan que sustituirlos. No es el deterioro lógico por el uso o por el mal uso, sino que es un hecho deliberado programado por los fabricantes. Es una práctica habitual en todos los dispositivos tecnológicos e incluso mecánicos. Aunque es siempre deplorable, en los equipos de tecnología sanitaria tiene un componente ético aún más grave puesto que la sustitución vuelve a mermar la capacidad de inversión en áreas de la salud que siguen requiriéndola y generan, una vez más, un coste de oportunidad que se traduce en vidas humanas o, cuando menos, en calidad de vida.

Resulta casi obsceno que la obsolescencia programada sea consentida en los equipos sanitarios. Nada tiene que ver con la imprescindible investigación e innovación en tecnología sanitaria que mejora sustancialmente la capacidad diagnóstica y terapéutica de nuestros entornos asistenciales.

MOLLET, VERDE QUE TE QUIERO VERDE

En Cataluña hay una población denominada Mollet del Vallès que cuenta con un hospital que ha hecho una apuesta decidida y concreta por la sostenibilidad en clave ambiental. Tienen totalmente claro en su equipo directivo que la salud tiene que ver también con las formas en las que se hacen las cosas desde el hospital de referencia en aquel territorio. No puede ser que desde instituciones sanitarias se proclame la imperiosa necesidad de un cambio en los estilos de vida de los individuos y las colectividades mientras no se realiza ninguna acción por modificar sus esquemas de consumo energético, su forma de aplicar sistemas de reducción de residuos y otras estrategias en todos los procesos asistenciales. Se ha convertido en una referencia nacional e internacional entre los hospitales sostenibles.

¿Es este un ejemplo de orientación institucional hacia el decrecimiento? Podríamos concluir que, sin duda, este hospital tiene los ojos puestos en los pilares conceptuales del decrecimiento en lugar de en los del crecimiento infinito y abusivo con el entorno.

El Hospital Universitario Mollet es el hospital de agudos de la Fundación Sanitària Mollet que da servicio público a 165.000 personas de once municipios del Baix Vallès en la provincia de Barcelona. Este centro ha sido capaz de compaginar eficiencia, calidad asistencial y respeto al medio ambiente cercano (en primer lugar) y planetario (en segundo lugar).

Este centro es el primer hospital de España en ser incorporado a la red Global Green and Healthy Hospitals. Jaume Durán, el director de la Fundación Sanitaria de Mollet, sostiene que no puede ser que los propios centros sanitarios provoquen, en parte, el mayor problema que estamos sufriendo en estos momentos en el planeta, que es el cambio climático. De hecho, todo el sistema sanitario mundial sería el quinto país del mundo que más gases de efecto invernadero produce al generar el 5,3 por ciento del CO_2 liberado anualmente en el planeta.

Con estos datos, es indudable que los gestores sanitarios estamos obligados a orientar nuestras instituciones en la dirección de hacer de nuestros entornos asistenciales un ejemplo de solución en lugar de ser generadores del problema. Carece de sentido que uno de los principales actores en la generación de condiciones de vida insalubres para nuestros conciudadanos seamos las instituciones sanitarias.

Las infraestructuras de los hospitales y otras instalaciones sanitarias son importantes, pero no son el único foco de atención porque donde se genera más ahorro energético es en la adecuación de los procesos internos. Por ejemplo, un día de hospitalización genera en torno a siete kilogramos de residuos sólidos por encima de la producción habitual de una persona. En consecuencia, ajustando las estancias hospitalarias reducimos considerablemente la emisión de residuos. El refuerzo de la atención primaria y domiciliaria reduce la cantidad de residuos y de consumos energéticos innecesarios. Las consultas de alta resolución[13] mejoran sustancialmente la experiencia de paciente y son una gran herramienta de lucha contra el cambio climático porque evita desplazamientos. La teleasistencia, que mejora el seguimiento de los pacientes, reduce reingresos y también desplazamientos.

El concepto de hospital sostenible u hospital verde incide sobremanera en la cultura de la organización. Un hospital verde es saludable para las personas que trabajan en él. Los agentes de salud han de potenciar la escucha, la contemplación, la actividad pausada, el ejercicio físico, tener una vida más reflexiva y seguir una buena dieta, en definitiva: ser agentes del cambio en la sociedad.

Estructuras arquitectónicas para personas

Lo primero que le exigimos a un entorno asistencial es que sea eficaz, que realmente resuelva con solvencia nuestros problemas de salud, tanto los agudos como los crónicos. Además de esto, debemos ser provisores de condiciones de vida saludables que mejoren el estado de salud de la población en su conjunto. Por eso, aspectos tan relevantes en sanidad pública y preventiva como la contaminación ambiental, los espacios verdes, los hábitos de vida saludables, la capacidad de respuesta ante pandemias o alertas sanitarias adquieren una relevancia que no debemos desdeñar y mucho menos ignorar.

¿Están hechos los hospitales para las personas que circunstancialmente están enfermas y precisan acudir a ellos? Creo que mayoritariamente no es así. Están construidos desde la perspectiva técnica de la prestación de cuidados cuando hay suerte y son eficaces para ello, que no siempre es así. No suelen estar construidos para la eficiencia en los resultados de la salud y muchísimo menos pensando en las necesidades de las personas que los frecuentan para ser cuidadas.

La principal razón es la búsqueda del ahorro de costes mediante la concentración de recursos humanos y técnicos en un mismo lugar, lo que da lugar a los macrohospitales que con tanta frecuencia vemos. Son hospitales que ya son obsoletos el día en que abren sus puertas, pues fueron diseñados como mínimo seis años antes y tanto la sociedad, como las nuevas tecnologías, como la innovación organizacional o en prestaciones han generado importantes cambios en las necesidades arquitectónicas y de instalaciones en ese lapso de tiempo.

Son usualmente hospitales rígidos, con muy poca capacidad de adaptación a diferentes necesidades asistenciales. Como se ha visto recientemente, suponen una barrera arquitectónica de base para las personas. El ser humano no está preparado para incorporar dimensiones de edificios tan descomunales en relación con su antropometría. Muchas veces carecen de acceso a aire limpio, están diseñados de manera que nos impiden ver el sol, percibir la naturaleza o sentirla, tienen niveles de ruido elevadísimos por el tráfico o las instalaciones industriales del propio hospital, etc.

Son edificios que deben dar respuesta a miles de requerimientos técnicos, tecnológicos y asistenciales, por lo que además no es tarea fácil incorporar el determinante de una edificabilidad donde el centro sea el paciente; pero las administraciones siguen queriendo grandes hospitales, los políticos desean inaugurar (a poder ser con elecciones en el horizonte) grandiosas instalaciones sanitarias. Aún a sabiendas de que técnicamente hace muchos años que se ha constatado que es muchísimo más eficiente contar con centros asistenciales de menor tamaño por diferentes motivos, como son la elasticidad, la fiabilidad o la capacidad de control y de adaptación a las necesidades reales. Se debería fomentar la hiperespecialización de los centros, no tratar de hacer de todo en todos los lugares, máxime cuando la curva de aprendizaje de las técnicas requiere un cierto volumen de pacientes. Los centros de mediano tamaño son los más eficientes, tanto en cuidados como en capacidad de generación de talento, de conocimiento, de investigación y de desarrollo de nuevas visiones de tratamiento y cuidados.

Deberían fomentar la capilaridad en los dispositivos asistenciales, es decir, reducirlos de tamaño y acercarlos allá donde las personas se encuentran, en los propios lugares de residencia de nuestros potenciales usuarios, de aquellas personas que tienen puestas sus esperanzas en nosotros para mejorar su estado de salud. Deberían incorporar el *shinrin-yoku*[14], del que hablamos en el capítulo 1, en los diseños de los entornos asistenciales y, muy importante, deberían planificar la asistencia sanitaria teniendo en cuenta que precisamente el entorno asistencial es un concepto muchísimo más amplio que los hospitales o los centros de especialidades o los centros de atención primaria. Los colegios, los parques, las instalaciones deportivas, los centros socioculturales, todos ellos son entornos asistenciales y en ellos se debe planificar la intervención que mejore la salud de las personas.

Deben ser entornos que tengan en cuenta las necesidades de las personas que acuden a ellos para ser cuidadas: sin barreras. Cuando hablamos de barreras siempre pensamos en las personas con dificultades motrices y frecuentemente nos olvidamos de otros tipos de diversidades, sensoriales, físicas o psíquicas, así como de los diversos trastornos por los que pueden acudir a nuestros centros. Pedir que los centros de mayores estén adaptados para personas que tienen Alzheimer y que los centros asistenciales sanitarios no lo estén carece de sentido lógico, incluso por eficiencia económica. Puede ser que en nuestro entorno social haya más incidencia de personas con Alzheimer que de personas con otras muchas características personales que les dificultan el acceso a los servicios de salud. Por consiguiente, exclusivamente por esta razón, ya se justifica que los diseños sean adaptados a estas personas. Sirva esto como ejemplo de la importancia de adaptarlos a nuestra realidad social.

No siempre tenemos un análisis pormenorizado de nuestro *target public*[15], en pocas ocasiones tenemos claro cuál será nuestro *target public* a cinco años y prácticamente nunca trabajamos con nuestro *target public* a diez años vista. Eso sí, nos permitimos calcular la amortización de las infraestructuras construidas a quince e incluso veinte años. Nuestros oídos deben estar en el presente, pero nuestra mirada en el mañana. Los gestores no somos muy dados a recurrir a la magia para predecir el futuro, por lo que necesitamos armarnos de modelos predictivos, tanto cuantitativos como cualitativos. Necesitamos preguntarnos cómo será la sociedad a la que tendremos que servir dentro de diez años.

La eficiencia debe orientarse de forma inequívoca hacia la salud poblacional. Los resultados en salud son los que demanda la sociedad. Unos entornos asistenciales que han de ser sostenibles, no solo desde un punto de vista del entorno, del ecosistema, sino también desde un punto de vista puramente económico. Lo que no tiene cuentas son cuentos o, lo que es lo mismo, lo que no se puede medir no se puede mejorar y lo que no se mejora siempre se degrada. Tanto en sanidad privada, con la vista puesta en la cuenta de resultados, como en la pública, con la vista puesta en el control presupuestario, la eficiencia económica de los servicios asistenciales pasa por la adecuación a la evolución de la población, las proyecciones demográficas (no solo pirámides poblacionales, también aspectos culturales que inciden en ellas) y las nuevas modalidades de prestación sanitaria. La agilidad de los servicios para adaptarse a una realidad cambiante, que además es cada vez más rápida en las modificaciones sociales, es determinante en el éxito desde un punto de vista económico, social y de valor en salud. Esa agilidad inherente a la nueva sociedad en la que nos encontramos no se puede encontrar en grandes instituciones que, como los inmensos dinosaurios, son lentas, pesadas y, la más de las veces, torpes por sus propias condiciones físicas.

Healthy life

Cada vez con más frecuencia se apuesta por los hábitos de vida saludable como claves para garantizar la salud física y mental. Además de eso, en una sociedad en la que las apariencias y la imagen tienen tanta trascendencia, disponer de un aspecto saludable es un objetivo muchas veces prioritario.

La salud y los hábitos de vida saludables adquieren en muchas ocasiones un papel ritual importante, además de autodefinirnos. Es frecuente la condición vegana de muchas personas, esta afecta no solo a la alimentación, sino también a los hábitos de consumo, la práctica de deportes o el disfrute del tiempo libre.

La variedad de dietas alimenticias es muy extensa y se vive como un derecho que todos, también las instituciones sanitarias, deben respetar y mimar.

Nuestros entornos asistenciales, sin embargo, siguen funcionando con parámetros del siglo pasado con una capacidad de elección mínima en nuestros centros y no solo desde un punto de vista alimentario. La falta de coherencia entre los hábitos de vida saludable que preconizamos desde la sanidad preventiva y lo que se vive en los centros es considerable.

Nuestras instituciones sanitarias no respetan el tiempo de los pacientes, no respetan sus usos y costumbres alimentarias, no suelen respetar su cultura ante la muerte, no cuidan el entorno con la reducción de deshechos, no gestionan adecuadamente la diversidad funcional de las personas y, en muchísimas ocasiones, mantienen barreras arquitectónicas o simplemente barreras asistenciales.

Hablamos de salud mental y nuestro personal es el colectivo con mayor incidencia de bajas laborales por problemas de estrés. Hablamos de cuidado emocional y nuestro sistema sanitario fuerza el deterioro constante y paulatino de nuestra salud mental porque estar más de seis meses esperando una cirugía es un auténtico calvario en muchas ocasiones, aunque no suponga un riesgo vital. Vivir soportando dolor o vivir medicado para aliviarlo solo porque no se puede acceder a la consulta de un facultativo deteriora sustancialmente la calidad de vida.

Nuestro entorno sanitario no es precisamente un ejemplo de estilo de vida saludable, pero lo cierto es que la presión asistencial crece exponencialmente sobre los profesionales y sobre las megainstalaciones. De ahí que sea adecuada una reflexión sobre el decrecimiento en sanidad, un decrecimiento que permita cambiar el paradigma asistencial, donde podamos pensar en nuevos actores, nuevos agentes de salud o, incluso, repensar el concepto de sanitario, un decrecimiento que nos permita ser más eficientes, más cercanos y presentes.

Gratuidad

Para terminar este capítulo, quisiera reivindicar la gratuidad que sin duda es hoy en día contracultural a pesar de ser la actitud más antigua y frecuente que ha habido en la humanidad. Todo aquello que obedece a la lógica del don y del *contradon* son la sal de la vida[16].

La gratuidad está presente en todo lo que no es mensurable o rentable en el sentido estricto del término. La ternura, la empatía, la compasión, la música, las flores, la palabra, el silencio, la poesía, el don de sí, la amistad, la benevolencia... no tienen sentido en la dimensión estrictamente utilitarista; pero sin ellos nuestra humanidad se vería tan mermada que sencillamente dejaríamos de ser considerados seres humanos para pasar a ser *trozos de carne sistémica con capacidad de movimiento, pero no de obrar en libertad.*

La gratuidad parte de la lógica liberadora del amor, del don de sí mismo sin mesura, sin filtros. Un rebajamiento de todas las personas en pro de la ética de la gratuidad, una opción radical por la vivencia del presente en total plenitud que nos aporta capacidad de decisión y la posibilidad de no ser idiotas. Como quizás sepas, el significado de idiota en la antigua lengua helena era el de aquel que solo se preocupaba de sus asuntos, de lo privado, y que ignoraba o despreciaba lo público, lo que tenía que ver con la comunidad en la que vivía.

Absolutamente todo nuestro desarrollo emocional e intelectual nace de la gratuidad, todo lo que es medicina para el espíritu es gratuito. No deja de ser significativo que la inmensa mayoría de las cosas que aportan felicidad y serenidad al ser humano son gratuitas, son dadas sin exigir nada a cambio.

En el entorno empresarial, el propósito como eje vertebrador del desarrollo estratégico de las compañías cada vez tiene más importancia. Es un propósito que suele requerir a su vez una puesta a tierra, una conexión de algún modo con la gratuidad, con una línea estratégica cercana al don. De esta manera, se establece una vinculación emocional con el propósito de la compañía que no es nunca exclusivamente la generación máxima de dividendos para sus accionistas.

Desde una perspectiva economicista y empírica, nada es tan rentable como todo lo que deviene de la gratuidad. Nada es más eficiente para el porvenir de las personas que la gratuidad, algo que la Inteligencia Artificial, precisamente por su artificialidad, es incapaz de crear.

Parece ser que resulta importante no necesitar mucho para vivir porque cuanto menos necesitamos más libres somos. Además de la libertad, ganamos eficiencia, por consiguiente, el decrecimiento o, lo que es lo mismo, la sobriedad voluntaria y la mesura son pilares firmes para la sostenibilidad del sistema sanitario y la equidad en el acceso a la prestación asistencial.

5
GENERANDO CAMBIOS

En este capítulo quisiera aportar ideas sobre la generación de cambios en la prestación sanitaria. Son propuestas que pueden generar esos cambios. Cada apartado es una propuesta de cambio independiente en la prestación sanitaria, en las tareas que podemos llevar a cabo en nuestro entorno. Pretendo, pues, suscitar y estimular la generación de cambios en nuestra forma de vincularnos con nuestro trabajo, con nuestro entorno afectivo, con la organización en la que participamos, con la sociedad a la que de una u otra manera servimos. Son seis apartados incompletos que requieren inexcusablemente nuestra participación, nuestra propia cosecha vital para completarse, para adaptarse y para ejecutarse.

Claude Shannon[1] estableció cinco elementos en la teoría de la comunicación: la *fuente*, el *emisor*, el *canal*, el *receptor* y el *mensaje*. De todos estos elementos, el que nos interesa en este momento es el canal. Lo definió como «el medio usado para transmitir la señal del emisor al receptor»; es decir, es el medio por el que se trasmite el mensaje para que llegue de forma eficaz al receptor. Esta nomenclatura se ha asumido también en el lenguaje profesional de los negocios para establecer el medio por el que un producto o servicio llega de forma eficaz a los clientes, usuarios, pacientes o, en cualquier caso, *receptores* de ese producto o servicio. Por ejemplo, la consulta de atención primaria es un canal de prestación sanitaria, otro canal es la atención por el servicio de emergencias en la calle ante un desmayo y otro canal que se extendió mucho en el periodo de pandemia es la consulta telefónica (con limitaciones). Estos son algunos canales de prestación sanitaria. Pero ampliemos el horizonte de los canales en la prestación sanitaria.

Desde el puente de Rialto

Hasta el siglo XIX, el único puente peatonal que unía las dos riberas del Gran Canal de Venecia era el puente de Rialto, desde cuyo punto más alto se pueden contemplar gran parte de los centenares de canales de la ciudad que fusiona el azul del cielo y el azul del mar. Si bien es cierto que Venecia no es una ciudad para ser vista, sino para ser sentida.

Como capital del Véneto, la prestación sanitaria cuenta con infinidad de canales que se han de explorar en su totalidad, que se han de considerar como vehículos de salud en su conjunto sin dejar ninguno de lado. No podemos pretender promover la salud desde un único canal de prestación sanitaria. Cada vez son más los entornos en los que incidir para conseguir nuestro único objetivo: mejorar las condiciones de salud de la población que debemos atender, sin perder de vista el concepto holístico de salud que establece la propia Organización Mundial de la Salud[2].

La prestación sanitaria, en su búsqueda de la salud poblacional, debe ampliar su foco y no reducirse exclusivamente a la lucha contra la enfermedad ya existente o a la asistencia reactiva, sino que debe dar prevalencia a la medicina preventiva y predictiva en nuestros sistemas sanitarios. Esto significa preservar la buena salud de la población, trabajar con las personas que no están enfermas y cuidar a las personas sanas para que esa condición se prolongue en el tiempo. Favorecer el desarrollo de todas las potencialidades de los seres humanos en su conjunto es un pilar fundamental de la prestación sanitaria del presente y del futuro sin ningún género de duda.

Debemos pensar en grande para actuar en pequeño, en detalle. Nuestros conciudadanos avanzan a una velocidad de vértigo, y nuestra obligación es estar muy pegados al terreno, a la propia evolución de los estilos de vida y de los roles que ello supone. Deberíamos pensar una sanidad para cada rol, ya que cada ser humano adquiere muy diferentes roles a lo largo de su vida, de sus diferentes etapas e incluso a lo largo de una única jornada diaria. Soy hijo, soy padre, soy esposo, soy consumidor, soy un ser trascendente, soy cliente, soy profesional, soy alpinista, soy dependiente, soy enfermo, soy amigo, soy...

A modo meramente ilustrativo. Pues, como digo, los entornos asistenciales y la salud han de trasladarse a infinidad de ámbitos. Enumeremos y demos alguna pincelada sobre diferentes entornos asistenciales en los que no solo debemos hablar de salud, sino hacer salud.

Doce propuestas de cambio en los canales o entornos asistenciales:

- Centros asistenciales
- Puestos de trabajo
- Centros de investigación
- Domicilios
- Aulas
- Centros de residencia institucionalizada
- Espacios de la sociedad civil
- Centros deportivos
- La calle
- Redes sociales
- e-Health
- Un banco debajo de un mopane

Centros asistenciales

Desde los grandes centros sanitarios punteros en talento y tecnología que están enfocados a la complejidad hasta los puestos de salud (*health* posts) de un recóndito *kebele* en Etiopía o de una comunidad amazónica, estamos hablando de espacios físicos destinados de forma exclusiva a la prestación sanitaria con más o menos complejidad y, en algunos casos, también a la docencia e investigación.

Los hospitales son un polo de atracción de talento profesional que movilizan a los profesionales. Son una gran oportunidad de generar conocimiento en común y donde se alcanzan grandes inversiones tecnológicas que favorecen la concentración de la alta complejidad. Son así un pilar fundamental en la prestación sanitaria. Pero esa prestación no tiene ninguna oportunidad de subsistencia si no cuenta con una red que soporte y discrimine la presión asistencial de toda la población. De ahí que la piedra angular de todo sistema sanitario esté en la capilaridad, en la accesibilidad, en lograr que las primeras interacciones con la población sean efectivas, gestionen de forma adecuada las necesidades y focalicen la prestación en el recurso más adecuado. Los puestos de salud en territorios inhóspitos, la atención primaria en los sistemas más estructurados, son la base sobre la que se sustenta toda la prestación sanitaria ante la pérdida de salud. De ahí que sea imprescindible realizar una gestión conjunta e integrada. En el caso de territorios con un envejecimiento importante de la sociedad, la integración incluye siempre los servicios sociosanitarios por la elevada demanda asistencial que generan y por pura coherencia en la prestación de servicios de salud. Las limitaciones a la integración están en las instituciones, en las estructuras organizativas, no en la realidad, no en el trabajo diario y en los profesionales. Es una obviedad aplastante desde un punto de vista técnico.

No olvidemos que la mitad de la población mundial no tiene acceso a servicios de salud esenciales o básicos. Esto supone más de 4.000 millones de personas[3]. Si de lo que habláramos es de acceso a un hospital, donde la complejidad es más elevada y el número de camas disponibles por habitante es infinitamente menor, podemos establecer que, en 2024, la población mundial que no tiene acceso a un hospital está en torno a los 6.500 millones de personas. La media mundial de camas por cada mil habitantes está en 2,9[4], y es inferior a 0,7 en la mayoría de los países con renta más baja. Así, por ejemplo, Mali tiene 0,1 camas por cada mil habitantes. En la Unión Europea, este ratio es de 4,6[5]. En América Latina y el Caribe, está en 1,9. En África subsahariana disponen de 1,2 camas por mil habitantes. En Asia meridional, 0,6 y, en Asia oriental y el Pacífico, 4,5. Estos datos nos dan una idea de lo limitado del alcance de los centros asistenciales. No debemos perder de vista estos datos, ya que muchas veces en nuestro mundo minúsculo y muy endogámico pensamos que no hay nada más allá del hospital o fuera de nuestro sistema sanitario. Lo cierto es que existe muchísimo mundo lejos de nuestro foco.

Resulta, pues, imperativo favorecer los cambios, trascender los entornos endogámicos y diseñar organizaciones sanitarias creativas, dinámicas, maleables, que sean capaces de moldearse y adaptarse a múltiples realidades culturales, geográficas, ecológicas y sociales. El sector sanitario es muy poco dado a los cambios, a las novedades, salvo que lleven detrás un componente investigador importante. De hecho, el campo de la salud es una de las áreas donde más se investiga, tanto a nivel tecnológico como farmacológico. Sin embargo, cuando se trata de modificar las formas, el entorno o los métodos, las resistencias son siempre la primera reacción y muchas veces estas barreras son insalvables. En no pocas ocasiones pretendemos medir antes de empezar a hacer, queremos saber los resultados sin conocer aspectos importantes de los procesos, incluso pretendemos enfocarnos en las emociones y queremos tener indicadores de rendimiento (KPI)[6] en un mes.

Puestos de trabajo (salud laboral)

Un elevadísimo número de personas realiza su tarea diaria en un entorno laboral regulado. Existe otro gran grupo poblacional que aún tiene que ganarse la vida en la economía informal o en una economía de lo más formal pero desregulada. En los entornos regulados, todo lo relativo a la salud laboral, la medicina del trabajo o la prevención de riesgos laborales y enfermedades profesionales es un ámbito que, en la mayoría de los países, está aún por explotar de forma eficiente para mejorar las condiciones de salud de la población. Las campañas sobre entornos saludables en el trabajo, sobre empresas saludables y otras hacen mucho bien, pero, si los profesionales sanitarios que se dedican al mundo laboral tuvieran atribuciones para ejercer de una forma más efectiva la prestación sanitaria, se podría avanzar enormemente. El trabajo suele ocuparnos por lo menos ocho horas diarias y, si contamos los desplazamientos al puesto de trabajo, casi diez. Si a esto añadimos los agentes potencialmente peligrosos con los que desarrollamos nuestra tarea o los riesgos de accidente a los que nos sometemos, nos podemos hacer una idea del alcance de una adecuada intervención en el ámbito de la salud laboral. Hay que señalar, llegado este punto, la elevada cantidad de enfermedades que tienen una etiología laboral y, por falta de preparación de los facultativos, pasa desapercibida y se *cuela* como enfermedad común. Esto deja al trabajador sin derechos que en determinadas naciones se han ganado para los aquejados de esas enfermedades profesionales. Al tratarse de un deterioro lento y paulatino de la salud del trabajador, hace que su origen laboral sea mucho más difícil de identificar.

Sin duda, tenemos oportunidades de mejora importantes en este campo de la prestación sanitaria. Se ha hecho mucho, pero aún queda mucho más por hacer.

Centros de investigación

Los centros de investigación, especialmente los centros de investigación traslacional e investigación aplicada, están orientados a la resolución de problemas identificados y palmarios en la sociedad a la que sirven. Esta investigación puede estar centrada en los efectos directos que supone sobre la esperanza de vida, de su calidad y la resolución de problemas de salud. Son dolencias, pero también situaciones que afectan a la salud de las personas que no tienen por qué ser directamente enfermedades.

Los centros de investigación fomentan la innovación, la búsqueda permanente de mejora continua en la prestación sanitaria y las buenas prácticas. Sin duda son entornos asistenciales, son lugares que siempre deben estar cerca[7] de las personas a las que sirven.

La divulgación científica es un elemento clave en la prestación sanitaria y ha de emanar de entornos donde el conocimiento esté desarrollándose ampliamente, como es el caso de los centros de investigación.

Un sanitario por definición es un investigador. Es una mente inquieta que desea mejorar su capacidad de mejorar las salud de las personas. Solo potenciando esta característica profesional y facilitando su desarrollo podremos fomentar la sanidad del futuro.

Domicilios

En primer lugar, hay que indicar que también entra dentro de las competencias de salud lograr que las personas tengan una vida digna y dentro de este concepto está la *vivienda digna*. Por eso, una prestación sanitaria accesible y que busca la equidad es aquella que también persigue que la población disponga de viviendas dignas y con adecuadas condiciones de salubridad. Una vez que contamos con entornos habitacionales salubres, se convierten de forma casi automática en entornos asistenciales, puesto que no pocas veces las instituciones sanitarias delegan los cuidados en las familias, unas familias que deberían ser adiestradas para la prestación de dichos cuidados, además de disponer de los medios mínimos para hacerlo. En entornos donde la prestación sanitaria avanza a gran velocidad, los entornos asistenciales en domicilios se implantan sin demora por varios motivos:

- Hay una mejora sustancial en la recuperación del paciente.
- El coste de la prestación sanitaria se ve sustancialmente reducido.
- La tecnología actual nos permite realizar la monitorización remota y el traslado en caso de necesidad a un centro hospitalario en muy poco tiempo.

- Los hospitales trascienden sus muros y se convierten así en hospitales que van allá donde son necesarios y pueden prestar servicios amplios en los propios domicilios.

Es, sin duda, una de las líneas que se pueden desarrollar en muchos territorios. Si bien es cierto que se deben dar unas condiciones mínimas para el buen resultado de este canal asistencial.

Aulas (colegios, institutos/liceos, centros de formación profesional, universidades)

Hospitales y colegios van muchísimas veces de la mano. Hospitales, universidades y otros centros educativos están muy frecuentemente vinculados. Pues bien, la educación sanitaria básica transversal ha supuesto un impacto importantísimo en las sociedades donde se ha implantado. Es una buena práctica que debería extenderse de manera global.

Al igual que sucede con los centros de trabajo, en el caso de los centros educativos tenemos un elevado número de personas de corta edad durante muchas horas. Es un lugar magnífico para fomentar los hábitos saludables, los estilos de vida que mejoren la salud y también para realizar acciones concretas de salud allá donde se estime que pueden aportar valor. Es un entorno donde la sanidad preventiva y el diagnóstico precoz de problemas de salud se puede realizar de forma masiva con un impacto en salud de dimensiones impresionantes.

Centros de residencia institucionalizada

Con esta denominación amplia me refiero a centros para personas mayores, centros para personas con algún tipo de enfermedad que se institucionalizan, centros para menores bajo custodia del Estado, centros de internamiento para migrantes, centros de acogida para mujeres víctimas de violencia de género, centros de privación de libertad, instituciones donde residen en común las personas de forma voluntaria o involuntaria bajo la responsabilidad de un tercero.

En definitiva, los espacios de vida para colectivos de personas, que como los domicilios o los centros educativos deben ser convertidos en entornos asistenciales que combinen las cualidades positivas de los unos y los otros: las ventajas asistenciales de los domicilios y las ventajas asistenciales de los centros educativos.

Garantizar la continuidad de cuidados es un pilar fundamental de todo sistema sanitario, me atrevería a decir de todo esfuerzo terapéutico; puesto que carece de sentido, por ejemplo, realizar una intervención quirúrgica si después consentimos que se infecte y termine con la vida del paciente. No podemos asumir que no se pueda mantener la continuidad de cuidados o continuidad asistencial.

Los centros donde se vive de forma institucionalizada son entornos asistenciales donde la dedicación tiene una especial relevancia, puesto que una acción alcanza a un elevado número de personas. Es, pues, un entorno en el que la prestación sanitaria tiene un mayor interés por su impacto.

Espacios de la sociedad civil (centros cívicos)

Incluyo aquí teatros, salas de conciertos, entornos cívicos en los que se reúnen temporalmente ciudadanos para realizar actividades culturales, sociales, políticas, relacionales... concentraciones de personas que están mejorando su salud por el mero hecho de participar colectivamente en un acto de interrelación. Estos aspectos han de ser valorados también como saludables y se deben evitar aquellos que perjudican la salud. Debemos fomentar la interrelación humana sin componentes tóxicos, sean estos químicos (alcohol, otras drogas, humos, ruido, etc.) o psicológicos (acosos, violencia verbal, etc.).

Es tarea de aquellos que trabajamos por la salud fomentar la participación social y fomentar la sana interrelación, proteger a los ciudadanos de entornos insalubres o comportamientos que deterioren la salud.

Centros deportivos

Me refiero a centros no solo orientados a la práctica deportiva en condiciones de salubridad, sino a disfrutar como espectador o espectadora de una práctica deportiva que además fomente la mejora de nuestra salud.

Los entornos deportivos son grandes paladines de la salud y en ellos se debe ejercer de forma activa la prestación sanitaria. La medicina del deporte y los distintos profesionales sanitarios que usualmente trabajan en el entorno deportivo tienen mucho que ofrecer a la prestación sanitaria y ampliar sus competencias en esa materia. Son equipos humanos muy motivados, cohesionados y orientados a resultados, por lo que toda la sanidad tiene mucho que aprender de su modo de trabajo. Hay una gran oportunidad de crecimiento en las acciones que estos profesionales podrían desarrollar para garantizar la salud de todas las personas que se relacionan con el mundo del deporte en todas sus dimensiones.

La calle

Hay personas cuyos domicilios están en las calles y también han de ser gestionadas por los dispositivos de salud del territorio. Es un trabajo específico y complejo que ha de realizarse de la mano de otros profesionales de la atención a personas en situación de calle y muchas veces desde la salud mental.

Además, las personas vivimos, disfrutamos y convivimos con nuestros semejantes y con el medio en las calles. Por ello, las calles son un espacio muy importante para la vida, lo que nos lleva a tomar conciencia de la trascendencia que tienen como entornos asistenciales, como lugares en los que hacer salud (en el sentido más amplio del término).

En muchos países contamos con servicios de emergencias, que son los auténticos protagonistas de la salud en el medio extrahospitalario, unos servicios que han de transformarse en eso, en extrahospitalarios, pero no solo para emergencias. Los servicios médicos que se prestan en la calle deben ser cada vez más preventivos que reactivos, más centrados en la tarea de hacer presente la salud en las calles que en resolver problemas de emergencias médicas. Evidentemente que esta responsabilidad hay que mantenerla y ser cada vez más eficientes y solventar dichas emergencias de forma impecable. Creo que, además, hay que dar paso a una acción más continua, más permanente a la prestación sanitaria para personas sanas o con trastornos leves que vivimos y gozamos la calle.

Voy a hacer una mención especial a la iniciativa de ciudades saludables de la Organización Mundial de la Salud, una iniciativa que busca colocar la salud en un lugar destacado de la agenda política y social de las ciudades y construir un movimiento fuerte por la salud pública a nivel local. Hace gran hincapié en la equidad, la gobernanza participativa y la

Determinantes de salud de Dahlgren[8] y Whitehead[9]

solidaridad, la colaboración intersectorial y la acción para abordar los determinantes de la salud.

El enfoque de Ciudades Saludables reconoce todos los determinantes de la salud y la necesidad de trabajar en colaboración entre organizaciones de los sectores público, privado, voluntario y comunitario. Esta forma de trabajar y pensar incluye involucrar a la población local en la toma de decisiones, requiere compromiso político y desarrollo organizacional y comunitario, y reconoce que el proceso es tan importante como los resultados[10].

Redes sociales

La prestación de cuidados ha de ir más allá del contacto físico entre los centros asistenciales y las personas que circunstancialmente están enfermas. Forma parte de nuestra responsabilidad tener una población formada, informada y preparada para gestionar la prevención, la enfermedad y los procesos de deterioro de la salud. La comunicación es, pues, un elemento trascendental. Las personas se preocupan por su salud, siempre buscan información sobre su estado de salud o sus síntomas, por lo que es de vital importancia posicionarse y estar al alcance de la mano de nuestros conciudadanos. Nuestra institución ha de trasladar confianza en la información, veracidad y generar vinculación con el público.

Un centro asistencial ha de establecer vínculos con las personas sanas, fomentar los hábitos saludables, reforzar las actitudes que mejoran la salud de las personas y prevenir el deterioro de la salud. Para conseguir estos objetivos, la comunicación ha de ser planteada en los canales y los lenguajes de los diferentes perfiles de las personas a las que deseamos llegar. No podemos emitir sentencias o información sanitaria en un mismo tono, con un mismo perfil, en una única dirección. Debemos adaptarnos a las diferentes plataformas que suponen las redes sociales, los medios de comunicación y los perfiles de las personas a las que queremos llegar.

Por lo tanto, la comunicación y las redes sociales son elementos de la prestación sanitaria, son un entorno asistencial más que facilita la accesibilidad y fuente de garantía de equidad.

e-Health *(medicina híbrida, teleasistencia y telemedicina)*

La tecnología nos ofrece grandes oportunidades en este campo. Tanto la Inteligencia Artificial, que ofrece incluso la posibilidad de interactuar con pacientes que requieren un primer contacto con un profesional de la psicología, emitir un diagnóstico precoz de deterioro cognitivo o realizar un análisis de datos de monitorización remota que permita la toma de decisiones incluso con predicción de situaciones futuras inmediatas, como la interoperatividad de los diversos dispositivos que ofrecen inmensas posibilidades de realizar prestaciones sanitarias de forma remota síncrona o asíncrona[11], bien sea con los pacientes a solas realizando una consulta (telemedicina), con un profesional formado que acompaña a un paciente a la consulta (medicina híbrida) o una asistencia remota prestada por un profesional sanitario que evalúa la evolución de los parámetros de salud del paciente remotamente.

La sanidad ha de aprovechar absolutamente todos los medios a su alcance para mejorar la equidad y la accesibilidad de la población a la prestación sanitaria. La tecnología sanitaria nos ofrece grandísimas oportunidades y constituye un entorno asistencial, un canal en sí mismo.

Un banco debajo de un mopane

Hay iniciativas que dan la vuelta al mundo. Hay grandes pasos para la humanidad que se generan en los lugares más inesperados y, en este caso, el Banco de la Amistad[12], aunque también podríamos llamarlo el Banco de las Abuelas, que es una iniciativa que ha nacido en Zimbabue y se ha extendido a lugares tan dispares como algunos países del Caribe o la ciudad de Nueva York.

El psiquiatra Dixon Chibanda identificó una alta tasa de depresión en la población de la capital de Zimbabue. Para abordarla, necesitaba implantar una solución que en cualquier caso debía basarse en los escasos recursos que tenía el país. Así, decidió utilizar a *las abuelas*, trabajadoras comunitarias de la salud que venían desarrollando una importante tarea en esta materia desde la década de los ochenta en los diferentes territorios de Zimbabue. Estas personas son muy respetadas por las comunidades, tanto que cualquier iniciativa sin contar con ellas está abocada al fracaso. La duda era si serían capaces de administrar terapias psicológicas básicas. Chibanda pronto descubrió qué gran recurso eran las abuelas. No solo eran miembros confiables de la comunidad, personas que rara vez abandonaban sus territorios, sino que también podían traducir los términos médicos con palabras que resonaran culturalmente.

En 2016, Chibanda publicó sus sólidos resultados y se pudo demostrar que las personas atendidas en el Banco de la Amistad habían disminuido significativamente los síntomas depresivos. Además, la violencia doméstica también se había reducido.

En 2017, la ciudad de Nueva York se sumó a esta iniciativa y más de 40.000 personas han podido ser atendidas en los bancos de la amistad neoyorquinos, donde situaciones muy similares a las de los habitantes de Zimbabue se producen por doquier.

El mopane es un árbol muy extendido en todo Zimbabue y el banco en el que trabajan las abuelas suele ponerse bajo su sombra. Quizás, en Central Park, lo hagan bajo un viejo cedro...

¡Sigamos completando la lista! Te animo a compartir con toda la comunidad entornos asistenciales diferentes, novedosos y en los que tengas alguna experiencia que ofrecer a la sociedad en su conjunto. Puedes hacerlo en el sitio web: <www.globalhealthcaremangemente.health>.

En Venecia hay 455 puentes y no es casualidad porque la interconexión entre los diferentes territorios es de vital importancia. Sería imposible vivir en Venecia sin los canales, pero igual de imposible sería hacerlo sin los puentes que unen cada una de las 118 islas que conforman la ciudad. Así, los canales que hacen llegar la prestación sanitaria y la salud a la población han de disponer de puentes que, de forma constante y fluida, interconecten los diferentes espacios en los que los seres humanos desarrollan sus vidas en la actualidad y en el futuro porque aún nos quedan territorios por explorar.

Quizás, cuando comenzaste este apartado, visualizabas los canales de Venecia y no ubicabas puentes, pero, como has visto, los puentes son lo más importante, porque nos permiten unir diferentes realidades, diferentes mundos que en nuestro planeta están caminando a la vez, aunque sean tan distantes.

Propuesta de cambio: centrémonos en las relaciones humanas

En el segundo capítulo, hemos abordado ampliamente la centralidad del ser: la importancia capital de las relaciones humanas a pesar de su aparente complejidad. No quisiera ser redundante, pero considero que merece la pena volver sucintamente sobre algunos puntos en los que es necesario generar cambios.

Es cierto que contamos con muchos profesionales de la salud con un elevado componente vocacional y que solo tienen en su mente prestar el mejor cuidado, la mejor atención y la más adecuada prestación sanitaria a las personas que ponen la confianza y su salud en sus manos. Esto jamás debemos olvidarlo; pues es una realidad que, de manera completamente apabullante, minimiza todos los excesos y caminos erróneos que las propias estructuras asistenciales nos hacen tomar en nuestro proceso asistencial. Sin perder esto de vista, también debemos abordar el hecho de que, en no pocas ocasiones, las personas que tenemos la noble tarea de atender a otras personas en situación de vulnerabilidad por encontrarse enfermas no nos esmeramos en aspectos básicos de las relaciones humanas. Parecería que, cuando una persona adquiere la condición de *paciente*, deja de disponer del mismo nivel de dignidad, deja de ser sujeto de derechos inalienables y deja de tener la capacidad de ejercer su libre albedrío.

En cada entorno cultural la educación y el respeto se muestran de una manera, por lo que me limitaré a indicar que las personas que circunstancialmente están enfermas y que ponen su salud en nuestras manos, por el mero hecho de hacer este gesto son valedoras de la dignidad, respeto y educación con la que atenderíamos a la máxima autoridad de nuestra ciudad, pueblo o provincia; repito: la máxima autoridad. Pues su dignidad es la misma, si no superior, por el mero hecho de encontrarse en un momento de especial vulnerabilidad. Sé que resulta obvio que quizás te estás preguntando por qué recuerdo algo tan básico y tan elemental; pues bien, si tienes experiencia asistencial o de gestión sanitaria, estarás de acuerdo conmigo en que esto, tan elemental y tan obvio, en muchas ocasiones se nos pasa por alto o simplemente la cotidianeidad lo borra del mapa mental en el que trabajamos.

A la máxima autoridad no la infantilizamos. No la ridiculizamos. No la tratamos con exceso de confianza. No nos dirigimos a ella elevando la voz por el mero hecho de ser una persona mayor. No minimizamos lo que nos comunica. No la dejamos con la palabra en la boca. No presuponemos un deterioro cognitivo como consecuencia de estar enferma, ingresada o mermada físicamente. No nos ponemos a hablar de nuestras cosas como si no estuviera delante. No le mostramos nuestra peor cara. No la tratamos bruscamente. No le dejamos la puerta del baño abierta o exponemos al público sus intimidades (las batas abiertas por la parte trasera han hecho y hacen mucho mal a la dignidad de las personas). No la tocamos sin autorización. No entramos en su habitación sin permiso. No violentamos las conversaciones que tenga con otra persona. No la forzamos sin tener una auténtica razón terapéutica. No violamos su intimidad sin su permiso y sin respeto. No entramos en su habitación a tomarle las constantes sin necesidad, despertándole en la madrugada y sin una sólida justificación asistencial (que no son, evidentemente, la costumbre o las tareas asignadas en el turno). No menospreciamos sus creencias religiosas. No subestimamos sus valores y estilos de vida. No integramos a su entorno afectivo en el proceso de recuperación de la salud. No dejamos deteriorar su imagen presentándola sin peinar, sin afeitar o sin maquillarse un poquito.

Hay muchos elementos en la vida que no existen porque sí, que hay que cultivarlos y cuidarlos; la libertad, la democracia, la relación de pareja, la empatía, la justicia social, etc. La educación y el respeto también están entre ellos. Debemos hacer una reflexión periódica de cómo están nuestros niveles en todos estos aspectos y muchos otros, pero estos son mínimos que no se pueden descuidar. Trabajemos y cuidemos nuestra educación y respeto desde la profesionalidad. Como los profesionales del uso de la fuerza, la policía y las fuerzas armadas, que no pueden sucumbir ante la más mínima provocación y actuar con desproporcionalidad en el uso de la fuerza. Igual que esperamos de ellos la profesionalidad en el uso legítimo de esa fuerza; igual que esperamos de los profesionales de la hostelería que siempre nos mimen y nos contemplen como si fuésemos sus únicos clientes, como profesionales del cuidado, de la atención sanitaria y de la salud, debemos ser capaces de trasladar siempre nuestra acción profesional con una empatía, un respeto y una educación exquisitas. No hay excusa alguna para ofrecer menos que eso. No hay excusa para ampararnos en la carga asistencial, en la eficacia en el diagnóstico y el tratamiento, en las precarias condiciones laborales de los profesionales de la salud y en muchas otras circunstancias que son reales, que merman considerablemente todas nuestras capacidades, pero que debemos sobrellevar y trascender ante las personas a las que debemos prestar servicio.

Propuesta de cambio: pongamos atención a los pequeños detalles

La mejor forma de trasladar esta propuesta de cambio es con tres breves historias que están entrelazadas.

En 1485, Inglaterra se encontraba sumida en la Guerra de las Dos Rosas, que enfrentaba a las casas de York y Lancaster por el trono del reino. El 31 de agosto (en nuestro actual calendario) tuvo lugar la decisiva batalla de Bosworth, en la que el rey Ricardo III combatía en primera línea cuando su caballo, en el fragor de la encarnizada batalla, tropezó e hizo que su jinete se cayese al suelo. De pronto, el monarca se encontró rodeado de enemigos y, según cuenta Shakespeare, gritó a diestra y siniestra: «¡Un caballo, mi reino por un caballo!», que se suponen fueron sus últimas palabras antes de fallecer traspasado por el acero de la casa de Lancaster. Todo ello entraría en parámetros usuales en una batalla si no hubiera supuesto la pérdida del trono de Inglaterra para la casa de York. Hasta tal punto tuvo trascendencia que, muchos años después, en 1651, George Herbert escribió: «Por la falta de un clavo fue que la herradura se perdió, por la falta de una herradura fue que el caballo se perdió, por la falta de un caballo fue que el caballero se perdió, por la falta de un caballero fue que la batalla se perdió y así como la batalla fue que un reino se perdió y todo porque fue un clavo el que faltó».

Estoy completamente seguro de que el clavo falló por alguna razón justificada... por las prisas, la presión desmedida, los materiales inapropiados... La fortuna quiso que, además de fallar ese clavo, el terreno en el que trotaba el corcel fuese tal que forzase la caída de la herradura. Una circunstancia que era difícil de prever y que, además, no entraba en los parámetros usuales del negocio, perdón, de la batalla. Que solía tener lugar en los verdes prados ingleses. Pero lo que tampoco se intuía era una presión tal por parte de la competencia, de los enemigos del reino que, en cuanto el caballo tropezó, fueron raudos y veloces a rodear al rey y asestarle un certero golpe que además fue a colarse por uno de los escasos puntos débiles de su armadura. Así, por una aplicación práctica de la teoría del caos, sumada a la multicausalidad, la dinastía Plantagenet, la que Enrique II comenzó con mucho sacrificio y sangre trescientos años antes, dio paso a la dinastía Tudor en la línea de sucesión a la corona de Inglaterra.

Hay dos lugares en los que los pequeños detalles marcan la diferencia: los cuarteles y los monasterios. Tanto en la vida castrense como en la monacal, la cotidianeidad se marca por lo sistemático del horario y de las tareas diarias, por realizar tareas de forma repetitiva y la automatización de movimientos y pensamientos. Sin embargo, estaremos de acuerdo en que lo que marca la diferencia tanto en uno como en otro mundo son los pequeños detalles que hacen de unos y otros personas muy especiales. Un monje alcanza el ascetismo a base de pequeños detalles, haciendo grandes e importantes las pequeñas cosas. Un soldado se construye a partir de los pequeños detalles que marcan la diferencia y conforman el carácter, como señala en un vídeo muy conocido William McRaven[13], almirante de los Navy Seals de Estados Unidos, en el que comenzaba su discurso recordando la importancia de hacer la cama cada día. Por otra parte, como señala Anselm Grün, monje benedictino, en su obra *De la felicidad en las pequeñas cosas*: «Muchas veces es suficiente con ver las cosas desde otra perspectiva para sentirse cómodo con uno mismo y con su vida. Para esto juega un papel importante la actitud ante la gratitud: quien está agradecido por el día de hoy, también puede encontrar la felicidad en las pequeñas cosas, sin importar lo difícil que sea el momento»[14]. En la vida ascética, sea de la tradición espiritual que sea, la sobriedad, el desprendimiento y la simplicidad de vida articulan la vivencia espiritual integrada. Son los minúsculos detalles y la dimensión sacramental de esos detalles, de la propia existencia, los que dan sentido a la trascendencia.

En una ocasión fui a sacarme sangre en un importante hospital de una importante ciudad europea. Había tres recepcionistas tomando datos antes de que me hicieran pasar a la responsable de la extracción. Resulté agraciado con la persona que me atendió, pues resultó cordial y educada. La mascarilla que llevaba no ayudaba, pero fue muy cordial. Las otras dos recepcionistas sentadas tras la pantalla de plástico, que ya genera distancia, eran ariscas, bruscas, frías y distantes con las personas. Sin interactuar cordialmente lo más mínimo, pedían el número de teléfono sin explicar su objetivo y de forma ciertamente desagradable. Sin conexión visual alguna, sin énfasis amable en su lenguaje oral y sin conectar con su lenguaje corporal.

Entré en el box de extracción y saludé cordialmente sin hallar respuesta. La persona que ocupaba aquel espacio me preguntó mi nombre para asegurarse de tener el brazo adecuado a tiro. Con un tono tosco y abrupto me indicó: «Siéntese y deme su brazo derecho» (no quería siquiera desplazarse unos centímetros; se ve que tenía la postura cogida para los brazos derechos). También sin avisar previamente profanó mi piel y se adentró a la búsqueda de mi vena. Sin mediar palabra hizo su cometido y me colocó un algodón bien sujeto con una tira de esparadrapo. «En el papel, tiene toda la información», me dijo. Cuando traté de hacerle una pregunta sobre la fecha de los resultados, elevó ligeramente el tono y me repitió: «¡Le he dicho que en el papel tiene toda la información!».

No me había levantado y ya había entrado la siguiente paciente. Casi le trasladé mis condolencias por la profesional que le había tocado. Entre nosotros, nos sonreímos e intercambiamos unas amables palabras pidiéndole unos breves segundos para recomponerme y salir del box. La profesional mantuvo el silencio sepulcral que la caracterizaba.

Una vez en la calle, tras haberme tenido que marchar tan rápidamente y sin haber podido realmente ejercer presión alguna sobre mi pinchazo, comencé a sentir cómo un líquido caía por mi brazo. Lógicamente lo primero que pensé fue en la sangre... harto improbable, pero fue lo primero que me vino a la cabeza. Después razoné que sentía un líquido frío y, por tanto, no podía ser sangre. Finalmente descubrí mi brazo y encontré una torunda de algodón muy grande completamente empapada en alcohol que se me derramaba por el brazo hasta llegar a la mano.

Esta breve historia seguro que es una historia habitual de muchos de nosotros en los servicios sanitarios. Un ejemplo nimio de lo que suponen las pequeñas cosas en la experiencia de paciente, en la calidad asistencial y, en definitiva, en la prestación sanitaria en sí misma, pues dicha calidad asistencial es inherente a la propia prestación. Tengo la absoluta certeza de que, si se tratase de un establecimiento hostelero, jamás volvería. Hagamos por un momento el ejercicio mental de imaginarnos ser tratados así en un restaurante al que acudimos a cenar, sintamos el desdén del profesional que nos atiende, la brusquedad en sus gestos y su lenguaje corporal, su intransigencia en la comunicación. Sintamos cómo nos trata prácticamente como si fuéramos un estorbo. Estoy seguro de que a todos nos resulta hasta ridículo pensar en un trato así en un establecimiento hostelero. Exigimos experiencias buenas y diferenciales en prácticamente todos los entornos en los que interactuamos, pero, en el ámbito sanitario, nos queda aún muchísima oportunidad de mejora. Lo siento, pero no admito la presión asistencial como excusa, porque hay muchísima más presión asistencial en un restaurante de playa en plena temporada y exigimos que nos traten con la misma cortesía, delicadeza y buen humor, como si fuésemos sus primeros y únicos clientes.

En una reciente estancia en territorio amazónico, he podido constatar que allí la situación no es diferente. En algunas cosas, es sustancialmente peor. Una persona destinó gran parte del dinero que tenía para pagar el desplazamiento al hospital, tardó horas en complejos e inhóspitos viajes y, cuando por fin llegó a las puertas del centro asistencial, un violento empleado de seguridad le interpeló sobre el objeto de su visita y no dejó sobrepasar la puerta nada más que a la persona enferma y esta tuvo que esperar largas horas para ser atendida. Cuando por fin consiguió que un facultativo le echase un ojo, con una simple mirada, le dijo: «Usted tiene las constantes vitales bien, por lo que no va a ser atendido en urgencias, se le dará cita para dentro de tres meses».

A varias horas de su hogar, en soledad, sin recursos económicos y sin resolver el problema de salud que le llevó a abandonar su comunidad para llegar hasta la ciudad, regresó en peores circunstancias. Casi con total seguridad no volvería. Todo ello también lleva a la pérdida de confianza en la medicina que ofrece la estructura estatal basada en la evidencia científica derivándose cada vez más a la medicina ancestral, que aunque sea muy eficaz y eficiente en gran cantidad de enfermedades, tiene un alcance limitado. Pero, como sabemos, la accesibilidad es un elemento clave en la prestación sanitaria y, sin duda, la accesibilidad de la medicina ancestral gana por goleada a la accesibilidad de la medicina cientificista.

Nos puede parecer una situación crítica, pero lo cierto es que, como mi extracción sanguínea solo tiene que ver con los pequeños detalles, con las pequeñas cosas que progresivamente se van perdiendo, vamos claudicando ante la falta de recursos, la falta de tiempo, la falta de formación, la falta de profesionales, la falta de... y cada vez nos parecemos más a Ricardo III.

Los reinos se pierden por pequeñas cosas, eso nos debería hacer reflexionar sobre lo que perdemos renunciando a todos los pequeños detalles a los que hemos renunciado en la prestación sanitaria. Perdemos el reino de la seguridad del paciente, perdemos el reino de la calidad asistencial, perdemos el reino de la alegría de cuidar, perdemos nuestra propia vida como profesionales de la salud y perdemos la dignidad de las personas que circunstancialmente están enfermas o ponen su salud en nuestras manos. Estas patrias son más importantes que las geopolíticas porque afectan al ser humano en todas sus dimensiones. Merece la pena retomar la conciencia sobre los pequeños detalles, sobre las pequeñas cosas, puede que básicas y sencillas, pero que en realidad son y serán las que marcan la diferencia entre una existencia significada o insignificante.

Propuesta de cambio: tengamos presente la fragilidad que genera la vulnerabilidad

En una sociedad encandilada con la eterna juventud, con un edadismo[15] creciente que incluso se ha entreverado en nuestras instituciones sanitarias y más concretamente entre las cabezas pensantes de la macro-gestión sanitaria. En una cultura occidental cada vez más de espaldas a la muerte como elemento que forma parte de la vida, en un culto exacerbado a la felicidad empaquetada de las redes sociales, que tantísimo distorsionan la realidad, en este mundo, hay cada vez menos hueco para la enfermedad.

No deja de ser una micromuerte, un hecho que nos recuerda nuestra fragilidad. La probabilidad de muerte se acrecienta en la enfermedad, aun cuando esa enfermedad no tenga un pronóstico complejo. Tomamos conciencia de lo que sucede ante un *mal funcionamiento* de nuestro organismo y esto nos recuerda que no somos eternos. Nos pone ante el espejo de nuestra propia realidad finita e imperfecta (fisiológicamente hablando). Algo tan sencillo como la frase *me encuentro mal* ya condiciona toda nuestra actividad diaria. La ansiedad y la angustia se apodera de nuestro ser y, muchas veces, lo hace de tal manera que lo ocupa todo. Recientemente, una psicóloga clínica me contaba que no dejaba de sorprenderla el gran sufrimiento emocional que genera la enfermedad física, en no pocas ocasiones, con una disonancia total entre el propio alcance de la enfermedad (por ser muy leve) y el nivel de sufrimiento emocional que genera.

Muchas personas sufren por el mero hecho de tener que ir a un centro sanitario, sea este en régimen de consulta, ambulatorio o, muchísimo más aún, cuando acude a un centro hospitalario, donde se supone que se hace frente a los síntomas más complejos. El mero hecho de acudir a recibir asistencia sanitaria ya supone un estrés importante para la inmensa mayoría de la población, pero esta situación se vuelve todavía más dolorosa cuando recibimos un diagnóstico que puede poner en riesgo nuestra propia existencia o cuando así lo percibimos. Todos, absolutamente todos, ante la fragilidad de nuestro ser, nos convertimos en seres inmensamente vulnerables emocionalmente. No importa cuán importante sea el cargo que ocupemos, cuán importante la responsabilidad que estamos enseñados a gestionar, no importan las guerras y batallas interiores y exteriores en las que hayamos participado, nos *vulnerabilizamos* hasta volvernos un minúsculo ser, indefenso, inseguro e impedido para muchas funciones que hasta hace apenas unos minutos desempeñábamos con suficiencia.

Propuesta de cambio: introduzcamos las artes como terapia

Hace muchos años, oí decir a Blanca López-Ibor Aliño, especialista en hematología y oncología pediátrica, que la música es medicina para el alma. Por esa razón, en su unidad de oncología pediátrica había música con mucha frecuencia y siempre que podía la disfrutaban en directo. Sin ninguna duda, la extrema humanidad y sensibilidad de Blanca han hecho que ofrezca a los pacientes pediátricos oncológicos con los que trabaja un cuidado más allá de la excelencia médica que siempre dispensa. Hay muchas veces que, ante el sufrimiento humano, tanto del cuerpo como del ánimo, solo medicinas de arte y caricias alcanzan a paliar en parte el dolor.

Los prestadores de servicios sanitarios debemos aprender que los procedimientos asistenciales se centran exclusivamente en la atención a la enfermedad de los pacientes; pero los pacientes son, además, personas, y hay mucho más en sus vidas que las enfermedades. Debemos sacudirnos el miedo a innovar en las relaciones con las personas y esforzarnos por mejorar la calidad de vida emocional, física y mental de aquellos que circunstancialmente están enfermos, ya que esto forma parte del proceso asistencial.

Incorporar todas las expresiones artísticas o capacidades humanas en la prestación sanitaria forma parte de una necesidad de cambio en los protocolos asistenciales. Sin querer entrar en la difícil tarea de definir el arte y la aún más compleja situación de establecer su clasificación, me atrevo a hacer un listado no exhaustivo y libre de artes que deben ser incorporadas al proceso asistencial por su capacidad inequívoca para mejorar las condiciones de salud: la escritura, la pintura, la arquitectura, la música, la literatura, las artes escénicas (danza y teatro), el cine, las artes de los medios de comunicación (radio, televisión, fotografía), el cómic... y todas aquellas expresiones de creatividad, de manejo de las emociones con herramientas externas a nuestro intelecto y que tienen una conexión directa con los sentimientos.

Los centros asistenciales de dedicación exclusiva a la prestación sanitaria pueden convertirse en espacios de danza para la rehabilitación funcional. La fisioterapia y otras profesiones sanitarias se pueden beneficiar del estímulo extraordinario que supone la danza para las personas.

Pueden ser grandes teatros, donde no solo actúen payasos y clowns, sino que se representen grandes obras que estimulen a la acción, el intelecto y la reflexión, que faciliten la gestión de emociones e impulsen la recuperación.

La lectura siempre se hace difícil cuando la enfermedad toca a nuestra puerta, pero no es menos cierto que hay herramientas de lectura fácil que pueden ayudar a incorporar ese hábito en las personas enfermas que, sin duda, nos hacen mejorar en los procesos de recuperación. En pacientes de larga estancia, la posibilidad de realizar talleres de escritura favorece muchos aspectos que harán que la recuperación evolucione mucho mejor.

Pueden ser auténticas salas de conciertos donde la vibración de la música en directo, la magia de la interpretación próxima y cercana, sea un estímulo para las personas que lo disfrutan haciendo de la estancia un momento mágico y feliz. Porque los centros asistenciales son y serán siempre ante todo un espacio de vida.

Propuesta de cambio: pongamos el foco en cómo hacemos las cosas

Generar cambios en la prestación sanitaria significa sobre todo cambiar el paradigma de la innovación en salud. La tecnología es importante, sin duda. Nos ayuda a optimizar recursos y a avanzar sustancialmente en resultados en salud. De ahí que no pueda existir prestación sanitaria sin investigación y sin innovación tecnológica, pero, además de la innovación en lo que podríamos llamar *hardware*, hay que innovar en el *software*, en cómo hacemos las cosas.

El equilibrio entre ambas innovaciones es crucial para avanzar en los retos que la salud tiene por delante. La mejora tecnológica muchas veces se focaliza en los profesionales, aportándoles más y mejor información, dándoles una mayor capacidad diagnóstica, mejorando su acceso a datos relevantes para el tratamiento o facilitando las cirugías. Ciertamente, esta perspectiva siempre beneficia a los pacientes en último término, pero el énfasis no siempre está en ellos.

Lo que marca la diferencia entre los diferentes entornos asistenciales es, sin duda, cómo se hacen las cosas. Es el factor determinante en la percepción de las personas. Hacer salud desde el compromiso de los profesionales, desde una perspectiva que supere incluso la centralidad de los pacientes o personas que circunstancialmente están enfermas, que las trascienda en tanto no significa que se sitúe en el centro, sino que está en todas partes. Es la única razón de ser de la prestación sanitaria. Es la única razón de ser del cuidado, del origen de la civilización humana.

Hacer salud desde una dimensión humanista requiere interiorizar y tener pleno convencimiento de la dimensión trascendente del cuidado, así como de la búsqueda de la salud de nuestros conciudadanos. No es una tarea exclusivamente técnica, sistemática y previsible. Es un muy noble arte de la búsqueda de la felicidad, ya que pretender el estado de bienestar físico, mental y social de las personas tiene, sin duda, un elevado componente de utopía de la felicidad. No por utópico se ha de renunciar a un horizonte que debería antojarse único en el sentido de que, como profesionales de la salud, no deberíamos conformarnos con menos.

Lo contrario al cambio, a la innovación, a la mejora continua, a la búsqueda de nuevos horizontes, a la excelencia, a la adaptación a las nuevas realidades es no cambiar por miedo, un miedo que atenaza e impide cualquier posibilidad de acción transformadora de la realidad.

Perdamos el miedo a hacer para poder ser.

6
LA SALUD PLANETARIA

El concepto de Salud Planetaria (*Planetary Health*) ha emergido como la respuesta necesaria a los desafíos interconectados a los que se enfrenta nuestro mundo. Según se ha profundizado en la comprensión de la interdependencia entre la salud humana, la salud animal, la salud ambiental y los determinantes sociales, se ha vuelto imperativo abordar estos elementos de manera holística. Este enfoque integrador da origen a una nueva disciplina: la Salud Planetaria, que persigue reequilibrar la salud y el bienestar humanos con la sostenibilidad económica y futura de los sistemas naturales que garantizan la vida.

La raíz de la Salud Planetaria se adentra en la conciencia creciente y cierta de que las acciones humanas impactan directa e indirectamente en la salud del planeta. Desde la degradación del medio ambiente hasta el cambio climático y la pérdida de biodiversidad, los desafíos globales son interdependientes y afectan la salud de las personas.

La colaboración entre instituciones de renombre también ha sido fundamental en la aparición de la Salud Planetaria. Instituciones como la Harvard T. H. Chan School of Public Health, The Lancet, la London School of Hygiene & Tropical Medicine, el Centro para la Innovación en Salud Global de la Universidad de Stanford, el Yale Planetary Health Interdisciplinary Network Exchange, la Rockefeller Foundation, las Naciones Unidas o la Organización Mundial de la Salud son los auténticos pilares de esta nueva disciplina.

La Salud Planetaria no solo aborda los desafíos actuales, sino que también busca garantizar la salud y el bienestar de las generaciones futuras mediante la gestión de nuestros recursos naturales, una gestión que solo puede ser sostenible si se basa en criterios económicos de durabilidad y proyección futura. La colaboración entre instituciones líderes y la difusión de conocimientos por publicaciones especializadas han sido fundamentales hasta la fecha para dar forma y consolidar la Salud Planetaria como un campo crucial en la salud.

A MODO DE MAPA CONCEPTUAL Y POR QUÉ SE LLEGA A LA SALUD PLANETARIA

Es posible que incluso el concepto de sociedad líquida o modernidad líquida[1] del profesor Bauman se nos haya quedado ya obsoleto por inestable y superficial. Tal vez nuestro entorno ha pasado de un mundo VUCA (*volatile, uncertain, complex and ambiguous*) a un mundo BANI (*brittle, anxious, non-lineal and incomprehensible*), como afirma el investigador Stephan Grabmeier. El mundo VUCA deja paso a nuestra nueva realidad, que es sin duda mucho más BANI.

Esta nueva realidad es frágil (*brittle*) en cuanto que incluso lo más sólido e irrompible que pudiéramos suponer tiene un punto de ruptura. Un sistema frágil, como pudiera ser el sanitario, puede funcionar bien en la superficie mientras está a punto de colapsar para siempre en la realidad. En este contexto, la consecuencia obvia es que nos lleva a la ansiedad (*anxious*) donde cualquier opción disponible puede resultar totalmente incorrecta. La ansiedad nos incapacita para tomar decisiones. La lógica básica de causa-efecto no es aplicable en la actualidad. No podemos evaluar de antemano la consecuencia de los actos. Estamos ante una estructura no lineal (*non-lineal*) de la lógica del comportamiento. Las consecuencias de un acto pueden tardar muchísimo tiempo en verse. El ejemplo más claro es el del cambio climático que estamos padeciendo por decisiones tomadas en la década de los ochenta. Por último, pero no menos trascendente, la incomprensibilidad de las realidades: el acceso a más información y datos no supone la capacidad de encontrar una respuesta. Son tan innumerables los *inputs* que determinan la evolución de los acontecimientos que la capacidad de comprensión y análisis se ve muy limitada, al menos para la mayoría de los ciudadanos.

Los permanentes conflictos geopolíticos y su repercusión directa en el coste energético, en el PIB[2] y en un incremento del IPC[3] que no se veía en los últimos treinta y seis años no hacen más que ahondar en la imperiosa necesidad de usar herramientas de gestión sanitaria enfocadas al origen de los problemas de salud, a la prevención y la erradicación o, en su defecto, a la minimización del problema en su origen, así como a la gestión predictiva. Mientras dediquemos nuestros esfuerzos e ingentes recursos a una intervención correctiva, no haremos otra cosa que llevar todo el sistema sanitario al colapso absoluto.

La Salud Planetaria (*Planetary Health*) es sin duda la base sobre la que deberíamos pensar la salud en el siglo XXI. Inicialmente, era común pensar en la salud desde la perspectiva del individuo y, por consiguiente, como la mera ausencia de enfermedad. Dando un paso importantísimo, se avanzó hasta el concepto de salud pública incorporando la interrelación entre las personas, así como sus exposiciones a los contaminantes ambientales y los riesgos laborales como una característica de cómo organizamos y regulamos la sociedad.

El bienestar se convirtió en una empresa colectiva tomando una dimensión social mucho mayor. La Salud Pública evolucionó al tener en cuenta que los factores socioeconómicos son determinantes centrales de los resultados de salud, y que la riqueza y la salud están conectadas. Por consiguiente, la salud difiere entre los pueblos. Así nació la salud global o *Global Health*. Con la incorporación al concepto de salud de diferentes entornos biológicos y ecosistemas se alcanza el modelo *One Health* (Una

Salud). Este modelo se define como «los esfuerzos de colaboración de múltiples disciplinas (personal médico, veterinario, investigador, etc.) que trabajan local, nacional y globalmente para lograr una salud óptima para las personas, los animales y nuestro medio ambiente»[4].

La Salud Planetaria lleva esta deslocalización de la salud un paso más allá. Haciendo referencia a la Comisión Rockefeller-Lancet, la Convención Marco de las Naciones Unidas sobre el Cambio Climático reconoce que «la salud humana y la salud de nuestro planeta están intrínsecamente vinculadas y que nuestra civilización depende de la salud humana, los ecosistemas naturales con buena salud y la sabia administración de los recursos naturales»[5]. La *Planetary Health* va más allá de interrumpir la propagación de patógenos de los animales a las personas y viceversa. Va más allá de la búsqueda de la equidad en la atención médica. Reconoce la salud del planeta como un sistema en su conjunto y da el papel que se merecen a los aspectos culturales, políticos y económicos, como señala John Drake[6].

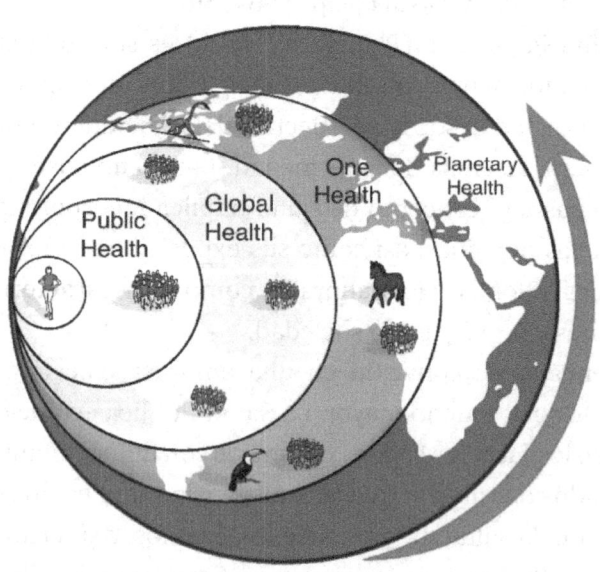

El concepto de salud ha ido evolucionando y englobando cada vez más aspectos. A día de hoy, ha llegado a una visión muy amplia pero que, a buen seguro, seguirá evolucionando en el futuro. Por esta razón, no creo que debamos concentrar nuestros esfuerzos en los conceptos siempre cambiantes, sino más bien en la práctica detallista de la acción encaminada a preservar la salud de las personas.

La dimensión planetaria de la salud y su carácter poliédrico no hace más que incidir en la importancia de abordarla desde una perspectiva holística, divergente, creativa y centrada en los pequeños detalles. Aspectos como la soledad no deseada, la salud emocional, el envejecimiento activo, la alimentación sostenible o la diversidad entendida como integradora de diferentes realidades personales, culturales, socioeconómicas y de discapacidad, son parámetros que, junto con la capacidad de participación social o empoderamiento colectivo, vienen a conformarse como elementos clave en la salud de las personas. De ahí que desarrollar a las personas que vayan a cambiar el mundo tiene una importancia capital en la perspectiva de la Salud Planetaria como elemento tractor y generador de la gestión sanitaria centrada en las personas.

La palabra *idiota* proviene del griego ιδιωτης (*idiotes*) para referirse a aquel que no se ocupaba de los asuntos públicos, sino solo de sus intereses privados. Pues bien, la *Planetary Health* requiere la erradicación de los idiotas de la sociedad. No es un camino rápido, no es un sendero superficial y que se pueda recorrer en pocos meses. La vinculación de la humanidad con la propia humanidad es una tarea que aún requiere de mucho trabajo, esfuerzo y dedicación. El bien común no brota espontáneamente a nuestro alrededor. Los seres que se ocupan de los asuntos públicos, comunes, de nuestro propio entorno, no son una serendipia. Los pueblos deben generarlos, deben estructurar su formación para que, en el ecosistema humano, broten como las flores en primavera.

Interdependencia climática, medioambiental y socioeconómica

El cambio climático cada vez más acelerado, los continuos destrozos inconmensurables de ecosistemas, el contexto mundial de permanente conflicto bélico o económico que sumen a millones de personas en la precariedad alimentaria someten a una presión inflacionista sin precedentes en los últimos cuarenta años a la sociedad occidental, abocan a la exclusión social a importantes grupos sociales y la humanidad en su conjunto tiene dificultades para subsistir. Estas circunstancias no hacen más que ahondar en la imperiosa necesidad de usar herramientas de gestión sanitaria enfocadas al origen de los problemas de salud, a la prevención y la erradicación o, en su defecto, a la minimización del problema en su origen, así como a la gestión predictiva. Mientras dediquemos nuestros esfuerzos e ingentes recursos a una intervención correctiva no haremos otra cosa que llevar todo el sistema sanitario al colapso absoluto.

El carácter sistémico de nuestra sociedad nos aboca irremediablemente a una prestación sanitaria sistémica, pero totalmente integrada en los entornos sociales cotidianos. Los hospitales son indudablemente necesarios, su intervención en procesos *correctivos* es incuestionable. Debemos repensar su capacidad de respuesta a las necesidades de los ciudadanos en el actual contexto económico, social e incluso cultural, así como su adaptabilidad a las actuales realidades asistenciales (me niego a calificarlas de nuevas realidades porque están presentes desde hace ya tiempo, aunque no queramos o podamos reconocerlas). A modo de ejemplo, podemos señalar que en el Sistema Nacional de Salud (SNS) de España nos resulta casi impensable llevar a uno de nuestros hijos a un médico de familia y no a un pediatra o, lo que es lo mismo, tenemos totalmente normalizado que los pediatras atienden a los menores de dieciséis años. Pues bien, solo tenemos que echar un vistazo a los centros de atención primaria y comprobar cuántos geriatras están atendiendo a la población mayor de sesenta y cinco años: ninguno. No existen los geriatras en la atención primaria española y muy escasamente en la especializada en determinados hospitales. ¿Nos hemos encontrado de un día para otro con una pirámide poblacional invertida? Evidentemente no. Luego, lo que se ha dado es una decisión concreta para no dotar al SNS de los médicos especializados en atención a personas de edad avanzada.

Sin duda, la experiencia de paciente, el despliegue radical de la *Planetary Health* y la realidad asistencial centrada en las personas tendrán lugar fuera de los hospitales en la capacidad del sistema por acercarse a una atención primaria y su visión holística de los ciudadanos, pero no solo en esa primera línea asistencial. Los profesionales de la salud deben ampliar sustancialmente su visión e incorporar la multidisciplinariedad, la *business intelligence* y todas las herramientas que estén a su alcance para hacer de la intervención en salud un engranaje sistémico orientado a los resultados.

Para medir estos resultados, que jamás deben quedarse solo en resolución de procesos o en un valor que se circunscriba exclusivamente a patología, debemos identificar los indicadores clave que nos den información real de nuestra intervención. Ni que decir tiene que toda la información de las intervenciones en salud deberían ser de acceso libre y muy fácil para toda la ciudadanía. La administración pública y en especial la sanitaria es la más opaca que puede haber. Apenas se traslada información de calidad asistencial, de gasto sanitario, de listas de espera, de coste de los procesos, de evolución de la actividad, etc. Y cuando se traslada, es de tal deliberada complejidad que a cualquier persona no especializada le resulta francamente difícil descifrar. Si la salud es un derecho fundamental, ¿por qué tanta opacidad? De nada sirve tener la posibilidad de libre elección de profesional sanitario o incluso de hospital si no podemos tener acceso a la información que nos permita formarnos un criterio. Una vez más, la conformación de una sociedad civil fuerte con sólidas iniciativas participativas que abran las puertas de forma real a aquellos para quienes trabajamos resulta indispensable para hacer del derecho a la salud una realidad.

Los prestadores sanitarios endógenos y en muchas ocasiones orientados en un 98 por ciento a la resolución de problemas de salud ya existentes necesitan levantar la mirada y acometer la planificación estratégica a medio y largo plazo, integrando todos los elementos de la *Planetary Health* como herramientas de desarrollo de negocio. Como decía Albert Einstein: «Si haces siempre lo mismo, no esperes resultados diferentes».

Conozcamos su historia

Después de haber situado el concepto, adentrémonos en los orígenes y la evolución de la Salud Planetaria. Conozcamos la historia que hay detrás de la nueva disciplina que marcará el presente y el futuro de nuestra salud. Es importante conocer esta historia para situar este concepto complejo en el entorno académico e institucional. Es decir, tener claro que no ha brotado de la nada, no ha surgido por serendipia; la breve historia de la *Planetary Health* nos situará en el contexto formal.

Entre los años 1991 y 1996, el epidemiólogo británico Andrew Haines publicó los primeros artículos que relacionan científicamente el cambio climático y la salud humana: «Global warming and health»[7] y «Potential impacts on health of atmospheric change»[8].

En 1993, Haines publica «Climate change and human health»[9] en la revista *Journal of the Royal Society of Medicine*. El informe concluye que existen «implicaciones de gran alcance del cambio climático en la salud» y es el primer estudio de renombre que lo reconoce.

Poco tiempo después, la revista científica *The Lancet* publicaría «Global health watch: monitoring impacts of environmental change»[10], vinculando la salud humana y el cambio ambiental.

A finales de la década, en 1996, la Organización Mundial de la Salud se hace eco de esta información científica y publica la primera evaluación en *Climate Change and Human Health*[11].

Finalmente en 2014, el profesor Richard Horton[12] acuña por primera vez el término *Planetary Health* en «From public to planetary health: a manifesto»[13].

Este manifiesto aboga por un movimiento social para apoyar la acción colectiva en todos los niveles de la sociedad para responder a las amenazas que afectan a la salud humana, la sostenibilidad de la civilización y los sistemas naturales y humanos que nos sustentan. Pone el foco en un planeta que nutre y sostiene la diversidad de la vida con la que coexistimos promoviendo la salud planetaria como una actitud hacia la existencia, casi una filosofía de vida. Incide en la gran importancia de la salud pública en esta visión y destaca su decidida apuesta por la justicia social y la equidad, así como la necesidad de acciones que respondan a la fragilidad de los ecosistemas de nuestro planeta. Hace un llamamiento urgente a la transformación de nuestros valores y comportamientos, reconociendo nuestra interdependencia, la necesidad de cooperación y acción democrática para garantizar el bienestar de todos en nuestro planeta.

En 2015, *The Lancet* publicó un informe especial: «Safeguarding human health in the Anthropocene epoch: report of The Rockefeller Foundation-*Lancet* Commission on planetary health»[14], donde se destaca la necesidad crítica de reevaluar nuestra relación con el planeta para proteger la salud humana. Informa de que las actividades humanas que no son respetuosas con el entorno ni garantizan su sostenibilidad, incluida la sostenibilidad económica, ponen en riesgo la salud global al alterar los sistemas naturales del planeta. Propone un enfoque integral de Salud Planetaria y sugiere soluciones que promuevan la sostenibilidad ambiental y la equidad social garantizando el bienestar de las futuras generaciones dentro de este nuevo contexto del Antropoceno.

En ese mismo año, 2015, se creó una organización intermedia de gran calado en la actualidad, la Planetary Health Alliance (PHA). Esta asociación se estableció para abordar los impactos del cambio ambiental global en la salud humana y el bienestar. Este movimiento social ha crecido rápidamente con la proliferación de nuevas revistas, programas de grado, cursos, institutos e iniciativas nacionales y multilaterales, todos ellos dirigidos a construir la base de conocimientos, la experiencia y las políticas necesarias para abordar los desafíos que se han ido identificando.

La PHA reúne a más de 400 organizaciones de más de 60 países con un fuerte enfoque en apoyar el desarrollo y la diseminación de nuevas investigaciones, el desarrollo e implementación de materiales educativos fundamentales y la unión de comunidades en todo el mundo. Es un movimiento social importante que está generando muchas iniciativas a su alrededor. Dentro de las organizaciones que participan en la Planetary Health Alliance, destaca un gran número de universidades de gran trascendencia internacional que tienen una línea de actuación claramente orientada por la nueva disciplina de la Salud Planetaria.

Entre el 16 y el 19 de abril de 2024 tuvo lugar en Kuala Lumpur el *Planetary Health Annual Meeting*, en el que se sentaron las bases de la propuesta de *roadmap and action plan*[15] de la Salud Planetaria para los próximos años. Un documento digno de ser estudiado en profundidad, que partía del eslogan: «De la evidencia a la acción». Con tres pilares estratégicos sobre los que trabajar: la gobernanza, la educación y las prácticas comerciales.

La gobernanza es la base para abordar los desafíos de la Salud Planetaria; las estructuras de gobernanza efectivas en varios niveles proveen el marco para la toma de decisiones, el desarrollo de políticas y la colaboración entre las partes interesadas. La buena gobernanza garantiza la integración de las cuestiones medioambientales y las consideraciones sociales y económicas en las políticas y regulaciones facilitando el desarrollo sostenible y la protección de la Salud Planetaria. Establece las reglas, mecanismos e instituciones necesarias para coordinar esfuerzos, asignar recursos y hacer cumplir las normas generadas. Una gobernanza eficaz crea los marcos regulatorios y los incentivos que alientan a las empresas y sectores educativos a adoptar prácticas sostenibles[16].

Por su parte, la educación desempeña un papel fundamental en el fomento de un marco teórico al integrar conceptos de Salud Planetaria en los planes de estudio educativos. Los estudiantes y las personas interesadas en una formación continua obtienen una comprensión integral de la interconexión entre el bienestar humano y el medio ambiente. La educación dota a las personas de conocimientos, habilidades y conocimientos críticos actualizados, habilidades de pensamiento necesarias para tomar decisiones informadas y promover comportamientos coherentes con la preservación del entorno. Fomenta la conciencia, empodera a las generaciones futuras y personas que de otro modo estarían marginadas e impulsa cambios positivos promoviendo comportamientos y prácticas ambientalmente responsables[17].

Por último, las prácticas comerciales, el mundo de las empresas, impactan significativamente en la Salud Planetaria y pueden impulsar cambios positivos. Integrar los principios de la Salud Planetaria en los negocios, las estrategias y las operaciones minimiza el impacto ambiental y promueve la equidad social. Las empresas sostenibles usan los recursos de forma responsable. Es imprescindible asumir una gestión basada en aspectos éticos que fomenten la economía circular y con enfoques e iniciativas de responsabilidad social. Al alinear sus prácticas con los objetivos de Salud Planetaria, las empresas se convierten en catalizadores de la innovación impulsando el desarrollo económico dentro de los límites planetarios y minimizando así los impactos ambientales negativos. Las prácticas comerciales sostenibles y regenerativas son fundamentales para lograr los objetivos de Salud Planetaria y proporcionar casos de éxito que pueden integrarse en la educación y comunicación eficaz a clientes y público en general[18].

Como instrumento de debate científico por antonomasia en el mundo de la *Planetary Health*, en 2017 aparece *The Lancet: Planetary Health*, una revista de acceso gratuito que se dedica a la investigación, la política y el análisis en esta disciplina. Desarrolla una amplia gama de temas que abordan las interconexiones entre la salud humana y los factores ambientales, como el cambio climático, la pérdida de biodiversidad, la contaminación, el uso insostenible de recursos naturales y los sistemas alimentarios. Introduce una visión económica en la gestión de unos recursos que por definición son finitos. Su objetivo es fomentar una comprensión multidisciplinar y promover acciones que mejoren la salud a la vez que se protege o incluso se mejora el planeta.

Son muchas las disciplinas que tienen impacto sobre la Salud Planetaria, pero sin pretender hacer una lista no exhaustiva ni exclusiva enumeraré las siguientes: biología, medicina, enfermería, ciencias de la salud y la vida en general, fisioterapia, ecología, veterinaria, geología, ingenierías ambientales, ingeniería organizacional, sociología, psicología, ciencias políticas, economía, administración y dirección de empresas, mercadotecnia y *marketing*, filosofía, teología, antropología, derecho, relaciones internacionales, defensa y geoestrategia.

También en 2017 el Programa de Desarrollo de las Naciones Unidas publicó *Issue Brief-Planetary Health*[19], asumiendo y explicando en qué consiste esta nueva disciplina.

Un intento de poner puertas al viento o, lo que es lo mismo, de definir Salud Planetaria

Intentos hasta la fecha: la Planetary Health Alliance define la Salud Planetaria como «la interconexión entre la salud humana, la salud animal y la salud ambiental en el contexto de un planeta en rápido cambio». Esta definición destaca la importancia de comprender y abordar los vínculos entre la salud de los ecosistemas, la salud de los animales y la salud humana en un contexto de cambio global.

La Harvard T. H. Chan School of Public Health define la Salud Planetaria como «el logro de la equidad en salud y bienestar humanos sostenibles mediante una gestión cuidadosa de los sistemas naturales que soportan la vida». Esta definición enfatiza la necesidad de proteger y preservar los sistemas naturales de la Tierra para garantizar la salud y el bienestar de las generaciones presentes y futuras.

El Instituto de Salud Global de Barcelona define la Salud Planetaria como «un enfoque interdisciplinario que busca comprender y abordar los vínculos entre la salud humana y el estado del planeta». Esta definición mucho más académica destaca la importancia de considerar los impactos ambientales en la salud humana y la necesidad de colaboración entre diversas disciplinas para abordar estos desafíos.

La London School of Hygiene & Tropical Medicine define la Salud Planetaria como «el logro de la equidad en salud para todas las personas, en todos los lugares, protegiendo los sistemas ecológicos que sostienen la vida humana». Esta definición enfatiza la importancia de abordar los determinantes sociales, ambientales y económicos de la salud para garantizar un futuro sostenible para todos.

Por último, tal como he dicho anteriormente haciendo referencia a la Comisión Rockefeller-Lancet, la Convención Marco de las Naciones Unidas sobre el Cambio Climático reconoce que «la salud humana y la salud de nuestro planeta están intrínsecamente vinculadas y que nuestra civilización depende de la salud humana, los ecosistemas naturales con buena salud y la sabia administración de los recursos naturales».

¿Qué te parece si aportamos nuestro granito de arena a la definición de Salud Planetaria?

Cuando se conocen en profundidad las instituciones de las que emanan las definiciones, se puede constatar que el carácter del origen de la definición se ve reflejado en ella. Por mi parte, suscribo cada una de las definiciones y, muy probablemente, cualquier otra que surgirá a lo largo de los próximos años; pero, como estamos en un momento incipiente de la disciplina, me atrevo a introducir alguna variable más en ese inútil intento de poner puertas al viento. Porque el viento de la Salud Planetaria es ante todo eso: libertad, amplitud de miras y extensión del pensamiento.

Precisamente por esto me gustaría que entre todos pudiésemos conformar finalmente una definición, para poder partir de un elemento de discusión. Te propongo esta definición de *Planetary Health* que espero podamos mejorar juntos si me pasas tus comentarios a <www.global-healthcaremanagemente.health>. Podemos entender la Salud Planetaria como las acciones encaminadas a preservar y potenciar todas las dimensiones del ser humano a la vez que se garantiza la persistencia del entorno biológico y medioambiental. La aportación principal de la Salud Plantearía es la dimensión poliédrica y sistémica de la acción. Se da vital importancia a todos los determinantes de salud, tanto los sociales, culturales y socioeconómicos, como los físicos, los mentales y espirituales en una adecuada relación con el entorno que lo preserve e incluso potencie su desarrollo y diversidad, enriqueciendo la vivencia de los seres humanos en el medio ambiente, en el planeta. Dándonos la oportunidad a nosotros y a futuras generaciones de desarrollar todas nuestras potencialidades en plena armonía con el entorno natural.

La Salud Planetaria pone el foco en toda la humanidad, sin distinción, porque persigue la dignidad de todas las personas, porque trata de erradicar o reducir la pobreza. Es una disciplina planetaria porque los entornos a los que se refiere y la dimensión de salud se extiende a cada rincón del planeta Tierra respetando los diferentes ecosistemas, las múltiples culturas, la rica diversidad en la que los seres humanos se desarrollan. Es planetaria porque la base de la acción para mejorar la salud de las personas es la interconexión de todas las realidades, de todos los entornos, desde la sabana a las selvas del Congo, desde las cumbres del Himalaya a la Amazonía, desde la tundra siberiana hasta la Tierra de Fuego, desde la inmensa Australia hasta la minúscula isla de La Graciosa. Es planetaria porque los retos para su salud a los que se enfrenta un bebé que acaba de nacer en el Hospital Kipuki, en Kafakumba, Congo, tienen una interrelación directa con los retos a los que se enfrenta un anciano en el University Hospital of North Norway en Tromso, Noruega.

Es Salud Planetaria porque el entorno asistencial más débil del planeta es nuestro punto más fuerte. Si no somos capaces de gestionar adecuadamente una enfermedad en un rincón recóndito, esta situación negativa de salud llegará hasta el otro extremo de la Tierra con sus consecuencias. La realidad sistémica planetaria es determinante en los ecosistemas naturales, pero también lo es en la salud humana. Pretender dedicarse a la salud y focalizarse exclusivamente en un territorio o en unas enfermedades es ilusorio e incongruente, por no decir temerario.

VER, JUZGAR, ACTUAR

En los años treinta del siglo pasado, el cardenal Joseph Leo Cardijn[20] diseñó un eficaz proceso de movimiento de la observación a la acción trasformadora de la realidad y, como todos los buenos métodos, se basa en la sencillez: ver, juzgar, actuar. *Ver* alude al momento de la toma de conciencia de la realidad, partiendo de los hechos concretos, sin suposiciones, buscando sus causas. *Juzgar* se lleva a la práctica mediante el análisis pormenorizado, la investigación y la sustentación teórica del siguiente paso. *Actuar* alude al momento de concretar una acción transformadora.

Pues bien, para que este proceso, que pretende transformar la realidad, sea eficaz y la transformación sea un hecho, es imprescindible llegar a actuar. A la vez es imposible que dicha acción sea transformadora si no se basa en la investigación que emana de la observación de la realidad. La Salud Planetaria ha evolucionado desde 2015 hasta hoy y ya debemos pasar del ver y el juzgar al actuar. Se ha conformado en el marco académico, investigador, teórico y conceptual. Estamos en el tiempo de las acciones concretas que trasladan todo ese acervo de conocimiento y conceptualización a la realidad, a acciones que aterricen la Salud Planetaria en el día a día de la prestación sanitaria, de la gestión sanitaria, de la acción ante el cambio climático, de la acción para garantizar que el entorno no solo sea sostenible o se preserve, sino que mejore y avance.

Es el momento de la verdad para nosotros y nuestros nietos. Tenemos realmente la oportunidad de ofrecer un mundo mejor, en el que, como preconiza la London School of Hygiene & Tropical Medicine, se logre la equidad en salud para todas las personas, en todos los lugares y que, como señala Harvard, con una gestión cuidadosa de los sistemas naturales, que son finitos, mejoremos las condiciones sociales de todas las personas en todos los lugares y garanticemos que los sistemas naturales avancen de una forma equilibrada, sana y desarrollada con la civilización que hemos puesto en peligro.

Apasionados de la acción, demos un paso al frente y juguemos todas nuestras bazas en el camino de la Salud Planetaria, traduzcamos todos los desarrollos teóricos, todas las observaciones, investigaciones y *papers* en acciones concretas para transformar la dinámica de la salud.

Todo confluye en la Salud Planetaria

La gestión humanista de la salud alcanza su máxima expresión con la Salud Planetaria. Deja de ser un concepto para convertirse en una realidad práctica y ejecutiva. Humanismo y Salud Planetaria son dos caras de la misma moneda. La una no existe sin la otra. La persona es el centro de la Salud Planetaria, todo gira a su alrededor, es *humano-céntrica* y parte de la interrelación del ser humano con el entorno, natural, social o económico. Confluyen, en este nuevo paradigma, en esta propuesta de la Salud Planetaria, todos los axiomas, planteamientos y sugerencias que he hecho y haré en este texto. Hay muchos entornos asistenciales que vienen realizando Salud Planetaria desde hace muchos años: por ejemplo, el Hospital Franklin Tello desde hace más de setenta y cinco años, y es ahora cuando se le puede calificar como tal porque se ha producido este desarrollo conceptual. Pero en todos aquellos lugares en los que se persigue la excelencia en salud, se hace Salud Planetaria. Es imposible no hacerla porque entonces se estaría trabajando de espaldas a los elementales planteamientos de seguridad del paciente, de honestidad ética de los profesionales y con espurios intereses. Está claro que el amplio y extenso concepto de Salud Planetaria siempre nos hace avanzar en su desarrollo, como si se tratase de una utopía. Pero con ella en el horizonte, no pocas organizaciones, áreas asistenciales y profesionales caminan en la senda de la *Planetary Health*.

Aterrizando los capítulos anteriores en la Salud Planetaria

La Salud Planetaria es la real centralidad del ser en nuestro desempeño profesional en busca de la salud, una salud que alcanza a todas las dimensiones de la persona y en las que la trascendencia plasmada en las múltiples tradiciones filosóficas, religiosas, culturales, teológicas a la que el ser humano tiende tiene su espacio, incluso cuando hay una negación absoluta de ella. Es una trascendencia alejada del sincretismo en el que todo es lo mismo o todo vale porque hay límites infranqueables que tienen que ver con la dignidad del ser humano.

El otro como gran referente del yo, como constructor de colectividad y, por ende, de humanidad, el otro como sujeto y partícipe de derechos y deberes, es un pilar profundo de la Salud Planetaria. De ahí emana su acción transformadora, su capacidad de ser luz y guía en el pensamiento social colectivo.

Debemos abogar por un decrecimiento en el entorno de la salud donde todos pongamos el foco en lo trascendental y profundo del ser humano, donde efectivamente trabajemos para reducir las situaciones impresionantes de pobreza extrema a la que millones de personas se ven abocados aún a día de hoy. Debemos mantener un compromiso que nos lleve a acciones concretas en nuestra vida diaria porque, solo cambiando yo, podré cambiar el mundo. Solo cambiando tú, el mundo cambia.

En la Salud Planetaria, una de las características del ser humano más importantes adquiere un peso trascendente en la ejecución de acciones concretas. La expresión artística como máximo exponente de la profundidad del ser, como máximo exponente de emociones, sentimientos y acciones, como catalizador de la compasión en tanto nos mueve siempre a la acción sanadora o reparadora, toma posesión inequívoca de su posición como elemento terapéutico, pero no solo eso, sino que la potenciación de las artes garantiza que la búsqueda de la salud de las personas, la búsqueda de la felicidad siempre es y será creativa, ágil, fresca y dinámica.

¿Y tú? ¿Estás haciendo Salud Planetaria? Es muy probable que sí. Intenta identificar en tu contexto qué se está haciendo de Salud Planetaria y qué podrías hacer tú para potenciarla. Estoy completamente seguro de que eres un importante agente generador de Salud Planetaria y, como hemos visto, una pieza clave es la interrelación, la capacidad de compartir.

¿Qué te parece si continuamos generando comunidad y compartes en <www.globalhealthcarmanagement.health> lo que haces para modificar la forma de construir la salud, lo que haces o hacéis de Salud Planetaria?

Hemos visto el extenso campo de disciplinas del conocimiento que tienen su parcela en la generación de Salud Planetaria. Hemos visto también que los profesionales que realizan esa actividad con el humanismo como bandera y con la excelencia en el punto de mira son agentes generadores de Salud Planetaria. También hemos visto que la interrelación y el trabajo cooperativo es vital en la generación de los cambios necesarios para tender a la Salud Planetaria. Hemos visto que la Salud Planetaria se va desarrollando progresivamente y muy probablemente jamás se alcance en plenitud. Así que no es adecuado esperar a esa hipotética plenitud para afirmar que se está trabajando en la senda de la Salud Planetaria.

Los actuales profesionales de la salud están alineados con la Salud Planetaria

Los profesionales de la provisión sanitaria se encuentran a la vez en un entorno formativo totalmente obsoleto con desarrollos curriculares anclados en el pasado y con una lentitud endémica en la adaptación a las nuevas realidades formativas, con un modelo laboral rígido y unas condiciones en sus empleos muy deterioradas que les impide el desarrollo científico y personal. El contexto social es cada vez más demandante y los somete a una presión no solo asistencial, sino incluso moral en el propio desempeño de su labor. Todo ello hace que los profesionales se sientan constantemente juzgados, cuestionados e incluso condenados por la sociedad en su conjunto, que desconoce, en general, las condiciones en las que están tratando de sustentar un entorno asistencial digno para la comunidad.

Mejorar la experiencia de paciente sin mejorar la experiencia de empleado es inviable. Es una absoluta quimera. Sanidad (obtenga la financiación de donde la obtenga) es sinónimo de humanismo, de civilización, de servicio, virtudes todas ellas que se sustentan principalmente en las personas. De nada nos sirven las millonarias inversiones en equipamientos y edificios si no contamos con un equipo humano totalmente alineado con el propósito de la organización y comprometido con la mejora de la salud de las personas. El futuro y el presente de la sanidad es una salud responsable.

Las nuevas generaciones de profesionales de la salud no se conforman con un entorno laboral en el que reciban una gratificación económica por sus servicios en unas condiciones laborales pésimas con unos horarios insufribles y una presión asistencial y laboral de cumplimientos que atenta contra la más elemental salud mental de las personas. Las nuevas generaciones de profesionales aman su profesión. La sustentan sobre el conocimiento más estricto, pero también la sustentan sobre su propia salud mental y física, por lo que abogan por un ejercicio de la prestación sanitaria que garantice su excelencia en el buen estado físico y mental de los profesionales que deben ejercer la prestación sanitaria. Los profesionales quieren ejercer la salud de una forma mucho más holística, donde los condicionantes sociales sean también tenidos en cuenta y donde la realidad empírica y palmaria de la determinación de los entornos biológicos en nuestro estado de salud también se tengan en cuenta. Son sanitarios que incorporan la Salud Planetaria ya en su propio ADN como profesionales de la salud. El foco no está exclusivamente en la fisiología y en la enfermedad. El foco está en las condiciones de salud, en el entorno, en la realidad global. Son personas que persiguen una calidad de vida para ellas y para todos los que las rodean. Son personas preocupadas por la evolución del planeta en su conjunto. Son personas implicadas en la preservación del entorno. Son personas que tienen claro lo que no quieren ser, lo que no quieren vivir en el futuro y lo que no toleran en los diferentes estamentos en los que tienen que convivir.

Estamos en un momento histórico donde la convivencia pacífica, la justicia, el respeto a las personas, a los animales y al entorno alcanzan una importancia capital. Hay un compromiso personal, muchas veces de gran calado, con todos estos valores. Por eso, los pilares de la Salud Planetaria están arraigados en el propio sentir de las y los profesionales de la salud.

La afectación ética de toda intervención en el ámbito de la salud tiene en la actualidad un peso aún mayor del que tenía hace años. Es cierto que la presión asistencial y la hipertecnologización de la prestación sanitaria muchas veces conducen a que los profesionales se comporten de formas que parecieran que se retrocede en la valoración del ser, en la propia dignidad de las personas que circunstancialmente están enfermas, pero no es menos cierto que la sociedad en su conjunto y los profesionales de la salud en particular tienen más formación y compromiso que nunca con la equidad y el resto de los valores éticos que hemos ido apreciando como sociedad. El mundo ha mejorado objetivamente con respecto al que existía hace veinte años. Obviamente, queda mucho por hacer, pero el discurso catastrofista de que estamos peor que nunca es, sencillamente, falso desde un punto de vista objetivo y empírico. El mundo está sustancialmente mejor, hay menos hambre, hay menos muertes por conflictos armados, hay menos pobreza en general, si bien la desigualdad va en aumento, sobre todo porque los más ricos son cada vez más ricos, todo ello sin menoscabo de que una muerte violenta, sea esta por acción directa (violencia física) o sea por omisión (estructuras de pobreza), una sola muerte, es intolerable. Hoy en día se están produciendo auténticos genocidios, millones de personas sufren violencia permanente y enquistada.

Todo ello nos hace pensar que las resistencias y reticencias al cambio del paradigma de la Salud Planetaria (muchas veces por anquilosamiento articular de las instituciones y algunas personas) se salvará. Es perfectamente superable, en parte gracias a la incorporación de nuevas generaciones de profesionales de la salud.

MILITANCIA SOCIAL COMO HERRAMIENTA DE MEJORA EN LA SALUD

En el capítulo anterior ya hemos visto —en la infografía de Margaret McRae Whitehead y Göran Dahlgren— la trascendencia de los determinantes sociales en la salud de las personas. De hecho, es el principal determinante de salud a día de hoy. Nuestro código postal, la ubicación exacta de nuestro lugar de residencia, adquiere mucha mayor importancia que los equipamientos de nuestro centro hospitalario de referencia, por ejemplo. El bien común no brota de forma espontánea, nuestra sociedad precisa mujeres y hombres con una dimensión política que enfoque los problemas de nuestro entorno y acometa las reformas que son indispensables para garantizar el derecho a la salud de los ciudadanos. Cuanto más le damos la espalda a la participación política, más complejo es resolver los grandes retos que tiene nuestro tiempo.

Solo participando en movimientos sociales, en instituciones políticas y en la sociedad civil en general se conforman las personas dedicadas al bien común, a la plasmación en políticas concretas que pragmaticen, que lleven a la práctica los conceptos, como es el caso de la Salud Planetaria. Ese bien común al que se dedican los activistas sociales es un gesto por el prójimo, por aquel que tenemos cerca, pero finalmente también por los que se encuentran a miles de kilómetros de distancia, ya que, como hemos visto, la salud es global o no es.

En los entornos de los movimientos sociales se profundiza en el pensamiento, en el análisis, en el espíritu crítico y en los procesos de escucha. La superficialidad solo puede generar sociedades insulsas, sin horizontes claros y susceptibles de ser teledirigidas por colectivos interesados en el control de masas. El humanismo busca la hondura de mente, la profundidad en el razonamiento, en la búsqueda de la felicidad y en la calidad de vida. Los movimientos sociales nos hacen pasar de ser espectadores o consumidores a ser actores, protagonistas del momento. La búsqueda del bien común está muy cerca. No tenemos que pensar en ser dirigentes de un partido político (que es una muy buena opción). Podemos ver esa búsqueda del bien común en la asociación de vecinos, en la comunidad de propietarios del edificio donde vivimos, en la organización de actividades de nuestro deporte favorito, en la puesta en común de lecturas o películas, en cualquier entorno en el que el pensamiento tome la iniciativa y nos mueva a la acción.

Otro aspecto de vital importancia es el económico. Solo garantizando el sustento económico de las poblaciones, generando recursos económicos para facilitar los cuidados y logrando un modelo de desarrollo donde también las personas estén en el centro y no exclusivamente la maximización de los beneficios, lograremos mejorar las condiciones de salud de la población. El tejido empresarial es importantísimo en este sentido y se debe cuidar y fomentar una actividad económica que tenga integrados los Objetivos de Desarrollo Sostenible (ODS) de la Agenda 2030 en su planificación estratégica.

La dimensión cultural, tanto en el sentido de fomento de la cultura y las artes como en el respeto y cuidado del fenómeno multicultural con el que nos encontramos en todas las ciudades y pueblos de nuestro país, es otro aspecto enmarcado plenamente en la *Planetary Health*.

Solo podemos acompañar a un pueblo en las prestaciones de salud si conocemos en profundidad su cultura, si la incorporamos a los procesos asistenciales y si garantizamos su respeto con un único límite: el respeto a los derechos humanos y a la dignidad de todas las personas por igual. La multiculturalidad es un hecho. No todos los habitantes de un estado tienen las mismas características culturales o religiosas. El nacimiento, la vida y la muerte se viven de forma muy distinta según la cultura de procedencia de las personas. La actualidad nos ofrece grandes oportunidades de interculturalidad, pero también es cierto que no siempre entendemos la interculturalidad como la aceptación de las diversas culturas que viven en un territorio. En ocasiones, nos limitamos a tolerarlas y a imponer directa o indirectamente la de la institución o la predominante en el contexto. Por ejemplo, ¿Conocemos las tradiciones-creencias con respecto a la muerte de todas las culturas a las que atendemos? ¿Somos capaces de adaptarnos a los tiempos que precisan las personas de otras culturas para comprender en profundidad una determinada enfermedad? ¿Banalizamos aspectos que para determinadas tradiciones tienen gran importancia? Son preguntas que me hago a mí mismo con frecuencia porque, por una parte, sin darme cuenta, puedo centrarme en mi propia forma de ver las cosas, algo que es, por otra parte, muy humano.

La dimensión política, económica, cultural y social de la salud es sin duda la asignatura pendiente de los sistemas sanitarios, pues existe una disociación casi total. Las organizaciones sanitarias deben ser también grandes dinamizadores del tejido social y fomentar alianzas para aunar esfuerzos. Es un error estratégico *insularizar* las organizaciones sanitarias. En la razón de ser de la gestión sanitaria está la participación de toda la sociedad. Hay herramientas para fomentarla. Hay modos de hacer partícipe del funcionamiento e incluso de la gestión sanitaria a la sociedad a la que servimos.

La gran cuestión es si estamos dispuestos a iniciar el camino, si estamos dispuestos a dar el primer paso nosotros y —de forma individual— yo. Porque el activismo social supone que, fruto de la reflexión y el análisis, tome alguna decisión en aspectos tan básicos de mi vida como: ¿mantengo el Amazon Prime o debo renunciar a él? ¿Uso el coche o salgo un poco antes de casa y voy en transporte público? ¿Reduzco deliberadamente los gastos superfluos de mi familia y dedico ese importe a invertir en la equidad y en la accesibilidad a unas condiciones de vida dignas para todos o mantengo mi estilo de vida sin analizarlo ni un ápice? ¿Me enfrento al diálogo constructivo con quienes piensan de forma diametralmente opuesta a mí, exponiéndome y haciéndome preguntas, o me quedo adormilado revisando el teléfono móvil en el sofá? Las grandes peregrinaciones comienzan siempre por un sencillo paso.

No siento que tenga la capacidad de orientar el proceder de nadie, bastante tengo con no desorientarme yo. No obstante, a título meramente ilustrativo, me permito ofrecer dos prácticas que a mí me han dado resultado. La primera y más importante: al menos veinte minutos diarios de introspección, de centrarme en mi interior. Podemos llamarlo meditación, oración o simplemente acallamiento o silencio interior, búsqueda de la relajación de nuestro interior. Esta sencilla práctica suele conducir a otros muchos pasos en nuestra vida.

La segunda, que complementa la primera: antes de dormir, en las postrimerías del día, una pequeña reflexión sobre los aspectos más destacados desde una perspectiva crítica, pero no castigadora; solo identificando oportunidades de mejora, pero una mejora en clave de felicidad. La reflexión sobre nuestros propios actos nos suele llevar a la acción para modificarlos desde la consciencia, ya que muchas veces solo reaccionamos.

Podría parecer que estas cuestiones son propias de textos de autoayuda más que de documentos sobre gestión sanitaria y en particular sobre Salud Planetaria, pero lo cierto es que la disciplina de la Salud Planetaria requiere de un convencimiento que emane de la profundidad del ser. No se impone. No se somete al equipo por disciplina de empresa o de organización. Requiere un cambio cultural y ese cambio cultural se logra mediante múltiples pequeños cambios en las personas que generan una transformación en la sociedad: desde reciclar nuestra basura hasta recoger los excrementos de nuestro perro, desde implantar un banco de tiempo en el barrio hasta formarse como líder sindical. Como diría Mahatma M. K. Gandhi: «No se trata de vencer, se trata de convencer»[21].

7

SOSTENIBILIDAD DE LOS SISTEMAS SANITARIOS

INVERSIÓN Y GASTO SANITARIOS

Llegado este momento del libro, creo que debemos abordar aspectos más pecuniarios del entorno sanitario. La sanidad tiene un coste y, desde algunos puntos de vista, el coste sanitario es muy elevado. Hay países donde el sostenimiento del sistema sanitario alcanza niveles importantes de su presupuesto global. De hecho, es frecuente que se hable de la inviabilidad del modelo y se analicen diferentes fórmulas para intentar redistribuir el gasto sanitario.

Efectivamente, lo usual es hablar de gasto sanitario. Repasemos dos conceptos económicos básicos: gasto e inversión.

El Plan General de Contabilidad[1] define el *gasto* como los «decrementos en el patrimonio neto de la empresa, ya sea en forma de salidas o disminuciones en el valor de los activos, o de reconocimiento o aumentos de pasivos, siempre que no tengan la consideración en distribuciones, monetarias o no, a los socios o propietarios». En otras palabras, un gasto será el consumo que se efectúa de algún recurso que hace que se incremente la pérdida o que disminuya el beneficio y que, por tanto, produce un decremento en el patrimonio neto. A salvo de no ajustarme académicamente, pero para que sea mejor entendido, un gasto supone destinar un dinero o un bien a algo que no suponga *a posteriori* un ingreso directamente. Por ejemplo, gastamos en luz, agua y todo tipo de suministros siempre que nuestro negocio o empresa no se dedique a este sector. Gastamos en ir al cine o en nuestras vacaciones. Gastamos en todo aquello que no suponga que incrementemos nuestros ingresos en un futuro.

Invertir es el acto de asignar recursos para la compra o creación de activos o de capital; es decir, el acto de no consumir esos recursos ahora para satisfacer necesidades en el presente, sino de destinarlos a satisfacer necesidades en el futuro. Por tanto, invertimos con la intención de obtener beneficios que no existen en el presente[2]. Por ejemplo, invertimos en educación para que los conocimientos o habilidades que adquirimos nos provean el sustento. Invertimos en nuestra casa que siempre podríamos vender. Invertimos en lo que, en el futuro, nos permita obtener más dinero o un beneficio cuantificable.

Desde un punto de vista humanista, siempre deberíamos hablar de inversión sanitaria y nunca de gasto sanitario, ya que el retorno que se obtiene del dinero dedicado a la salud está relacionado con la dignidad del ser humano.

Pero no solo debemos hablar de inversión desde un punto de vista humanista. Desde un punto de vista económico, la salud es siempre una inversión, dado que supone poner a disposición activos (entendiendo como tales a las personas que tienen capacidad de producir bienes y servicios) que en otro caso estarían inactivos, bien por no poder producir como consecuencia de la enfermedad, bien por estar atendiendo a personas a las que les unen lazos afectivos. La ausencia de salud genera inactividad de activos que generarían bienes o servicios, en definitiva, que generarían riqueza.

La generación de riqueza es el parámetro por el que actualmente se mide la economía, pero cada vez es más frecuente que se valoren otros aspectos en clave económica, como la felicidad o la calidad de vida de las poblaciones. Tener un elevado nivel de renta sirve de poco si la salud no acompaña, si no disponemos de una riqueza estructural que rodea a la propia riqueza, a la individual. Cuando hablamos de riqueza estructural nos referimos a todo lo que nos aporta el entorno social en el que vivimos, el desarrollo de los servicios sociales, la seguridad, las comunicaciones, el acceso a la sanidad, al arte, a la educación de calidad, etc.

Es frecuente que, en territorios de gran pobreza estructural, los que alcanzan niveles elevados de ingresos se pasen gran parte de su tiempo fuera de esos territorios. Entre otras cosas por razones de seguridad, tanto sanitaria como personal, sin entrar en detalles que forman parte de la calidad de vida y del aporte de felicidad, que nada tienen que ver con el nivel de ingresos. Una sociedad saludable es una sociedad que genera conocimiento.

Nos encontraríamos ante un ecosistema que favorece la captación de talento y la generación de conocimiento, pilares fundamentales para el desarrollo y avance económico hoy en día, un desarrollo que no tiene por qué estar basado en el crecimiento. Se puede desarrollar la economía sin crecimiento exponencial e ilimitado, como ya hemos abordado en el capítulo 4.

Pero la realidad es que, en la inmensa mayoría de los documentos que podemos encontrar, se habla de gasto sanitario. Quizás porque la conexión entre la salida de dinero y el retorno de beneficio sea inconcreta, impredecible y, en algunos casos, más compleja de medir. En una sociedad utilitarista, edadista, aporofóbica y con poca tolerancia a lo que se sale de los estándares que marcan los algoritmos que lo rigen ya casi todo, la inversión en salud se puede trasformar conceptualmente en gasto con facilidad. Las palabras son peligrosas porque, muchas veces, llegan a conformar el pensamiento, y el pensamiento se traduce en acciones. Los gastos se reducen y, si se puede, se eliminan.

En no pocas ocasiones, nos hemos encontrado en situaciones en las que se ha optado por eliminar ese gasto, en forma de personas enfermas crónicas, con enfermedades catastróficas (como se denominan en algunos países a aquellas enfermedades que generan un gasto elevado con la carga emocional que supone ser etiquetado como enfermo catastrófico para las personas). En no pocas ocasiones se ha optado en las sociedades amparadas por una supuesta autonomía por legislar para facilitar soluciones que generan ahorro, aunque eso suponga reducir la esperanza de vida o, incluso, la muerte prematura. El sacrificio de unos pocos para el bienestar de muchos es la falacia demagógica con la que se justifica en demasiadas ocasiones el abandono de grupos poblacionales, pequeños asentamientos humanos de culturas muy diferentes, colectivos de enfermos crónicos o, sencillamente, personas con una utilidad funcional reducida para los estándares socialmente entendidos en su entorno geopolítico.

POLÍTICA Y SALUD

Muchas veces oímos que uno de los problemas de algunos países con grandes riquezas naturales es precisamente disponer de esas riquezas que les hacen ser objeto de deseo de multinacionales o naciones casi siempre con mayor poder militar. Pues bien, de igual manera, uno de los grandes problemas de la salud es un elevadísimo componente político.

Creemos que la política como búsqueda del bien común ha de tomar decisiones para preservar la salud de sus conciudadanos. Esas decisiones se convierten en demasiados casos en exclusivamente políticas, cortoplacistas y demagógicas. Para los profesionales de la gestión sanitaria no es extraño oír la expresión: ¡Esto no tiene viabilidad económica, pero a ver quién le pone el cascabel al gato!

Ningún político quiere ser recordado como aquel que procedió a recortar derechos en el ámbito de la salud. La población valora muchísimo su estado de salud y su capacidad para acceder a un adecuado sistema sanitario que le garantice la salud. De igual manera, la población valora muchísimo cualquier iniciativa de sus dirigentes políticos que mejore la accesibilidad y la mejora en la prestación sanitaria cuando se percibe como deficitaria.

La salud está siempre en el ojo del huracán de la confrontación política y todas las organizaciones políticas son conscientes de ello, por lo que el carácter político de las decisiones en salud es de suma importancia con una gran carga emocional y, por ende, una gran repercusión en los resultados políticos.

Si hay algo que no les gusta nada a los políticos es que se les evalúe. Tienden a reducir su valoración a los resultados electorales, pero las valoraciones objetivas de sus decisiones rara vez se facilitan. Dado que esta animadversión es unánime, resulta francamente complejo encontrarse con valoraciones objetivas y contrastadas de las políticas de salud en clave de resultados de salud. Por ejemplo, con cierta frecuencia se registra (por rigor presupuestario) el gasto. Lo más sorprendente es que con frecuencia se valora el incremento en el gasto presupuestario en salud como positivo de una forma simplista, sin que los resultados importen. Así, no resulta extraño oír a políticos alardeando de ser los que han incrementado el gasto sanitario sin más, sin un análisis de la mejora en los resultados en salud. Es como si se diera por sentado que, por el mero hecho de gastar más, la salud de la población mejora. Una lógica simplista y que, como es fácil de entender, no se corresponde con la realidad. Si gastamos más, sencillamente podemos afirmar que gastamos más, no que eso suponga una mejora en nada. Pues bien, sugiero que analicemos la cantidad de veces que hemos oído a un responsable político, sea del nivel que sea, diciendo que ha aumentado el presupuesto o el gasto en sanidad como un hecho positivo, incluso muy positivo, sin ninguna valoración ulterior. Luego nos extraña que el mal llamado gasto sanitario se incremente año tras año sin remedio hasta el punto de que su sostenimiento o su desarrollo se convierta en inviable para los estados.

A menudo las decisiones en salud se toman desde parámetros políticos, relegando los criterios técnicos a un segundo plano. Esta situación dificulta muchísimo mejorar la eficiencia de los sistemas sanitarios y de los servicios que se prestan. Es una dificultad añadida para los gestores, puesto que parten de situaciones que, en su génesis, ya son erróneas. Inflan el gasto y suponen grandes dificultades para ejercer una adecuada gestión. Tanto es así que, en la mayoría de los sistemas públicos de salud, los cargos con capacidad de decisión presupuestaria son puestos de libre designación política y no gestores profesionalizados, lo que nos indica dónde está el foco al que se presta más atención. En definitiva, nos hacemos trampas al solitario, puesto que incrementamos el gasto basándonos en influjos políticos, no evaluamos y, por consiguiente, no podemos exigir nada más allá del cumplimiento presupuestario. La mayor parte de los estudios del desempeño del sistema sanitario miden exclusivamente el parámetro de actividad. La calidad de nuestros entornos asistenciales no se suele medir y las valoraciones tampoco se hacen públicas con las connotaciones éticas que ello conlleva porque ofrecemos unos servicios públicos que son opacos en la calidad y, gracias a esa opacidad, la población acude a los centros sin conocer la valoración de la calidad asistencial que se presta en esos centros. En los servicios públicos suele resultar imposible conocer el nivel de muertes prematuras que se ha generado en un centro sanitario concreto, los resultados de sus intervenciones en relación a los estándares, los tiempos de espera en relación a otros centros o la valoración del trato de sus profesionales a los pacientes en relación a las valoraciones que se hacen en otros centros o territorios. Es frecuente que los servicios sean herméticos y no hablen de los servicios de los que no disponen, por ejemplo. Nuestros especialistas pueden saber que el *gold standard*[3] de una cirugía es una técnica determinada, pero si no la realizamos en nuestro sistema sanitario, sencillamente la omitimos en la oferta que le hacemos a los pacientes, así que no existe. Como ciudadanos, ¿tenemos la posibilidad de analizar la valoración de los centros asistenciales? A día de hoy, la respuesta mayoritaria es que no podemos. Una vez más, nos encontramos con que la falta de valoración impide la libre elección *de facto* y, además, impide la valoración de la gestión de unos bienes que hemos depositado en manos de nuestros representantes políticos para que preserven nuestra salud como componente importantísimo del bien común.

Equidad asistencial

A propósito del bien común, mucho se habla de la equidad en la prestación sanitaria. Nosotros ya lo hemos hecho en el capítulo 1. Pues bien, hablemos mejor de la equidad en salud porque esta es realmente la perspectiva desde la que hay que entender este concepto.

Hemos tratado también de la dignidad ontológica del ser humano en el capítulo 2. Es en esta dignidad intrínseca del ser humano en la que sustentamos la inexcusable búsqueda de la equidad en la salud de las personas de toda la Tierra. Es fácil que los que nacen en familias de buena posición económica reciban una buena educación, crezcan bien alimentados o posean de manera natural capacidades destacadas y entiendan que la equidad no es del todo trascendente, que no va con ellos. No sienten la necesidad de un sistema sanitario público y fuertemente accesible, pero evidentemente no sucede lo mismo si eres una persona con discapacidad o diversidad funcional, si has nacido en un hogar extremadamente pobre, si no has tenido acceso a la educación o la que has recibido es de baja calidad y con muy escasas posibilidades de solucionar adecuadamente tus problemas de salud. Si dejamos a la sociedad en manos del libre mercado y de la dimensión economicista, la equidad será exclusivamente una idea platónica.

Si pensamos en un sistema sanitario sostenible en el tiempo, si perseguimos la excelencia en la gestión económica, solo podremos alcanzar buenos resultados en salud con equidad. Resulta técnicamente imposible lograrlo sin garantizar esa equidad.

Es urgente comenzar a realizar planteamientos de macrogestión sanitaria desde una perspectiva planetaria. La Salud Planetaria (*Planetary Health*) es la única herramienta metodológica que nos ofrece la posibilidad de gestionar una realidad que ya no es local ni autonómica, ni tan siquiera estatal. La gestión de la salud tiene siempre e imperiosamente una dimensión global, mundial, planetaria. Es irresponsable focalizar la compleja solución a nuestros problemas de provisión sanitaria en el entorno más cercano sin ampliar nuestro campo visual y sin ver las realidades planetarias que ya están marcando nuestro devenir en salud.

Esta perspectiva de la Salud Planetaria que ha de contemplar la dimensión global o mundial no es en absoluto contraria a la capilaridad y a la atención cercana. Al contrario, la una es consecuencia de la otra. La atención cercana y muy próxima a la población a la que servimos debe ser consecuencia de una planificación y una visión global.

La Salud Planetaria se está reduciendo en ocasiones a una visión medioambientalista. Nada más lejos de la realidad. La Salud Planetaria abarca todos los aspectos que tienen que ver con la salud de las personas, la dimensión física, la mental y la social. Son necesarios hospitales verdes[4] y forma parte de la solución, sin duda, pero no modifica el paradigma asistencial y, por consiguiente, no es suficiente.

Es necesaria la incorporación de una visión holística de la provisión sanitaria donde los factores sociales de la salud adquieran de una vez por todas la importancia radical que tienen en los procesos tanto asistenciales como periasistenciales y el activismo social como auténtico medio para mejorar las condiciones de salud de las personas. Son caminos aún por explorar en el ámbito de la gestión sanitaria. La consideración del ecosistema natural y social, de la mejora en parámetros de felicidad de las personas o de la integración de nuevos modelos humanistas de la gestión sanitaria se hacen cada vez más imprescindibles para dotar a nuestro sistema de salud de la suficiente elasticidad para adaptarse de forma rápida y eficaz a los retos que ya tiene encima o que le están por llegar. Los indicadores que seguimos midiendo son de producción: son números de intervenciones, listas de espera, consultas resueltas,... no medimos la salud de la población, los resultados en salud de nuestras acciones.

Seguimos reaccionando ante la enfermedad. Somos reactivos. No somos proactivos y no actuamos sobre el origen del riesgo, del problema, que finalmente puede desembocar en una enfermedad. Queda mucho por desarrollar en este ámbito a pesar de que la reciente pandemia solo ha modificado ligeramente nuestra apuesta por la medicina preventiva y la salud pública.

La Quinta Regla de la Primera Semana de los *Ejercicios espirituales* de San Ignacio de Loyola dice así: «En tiempo de desolación nunca hacer mudanza, mas estar firme y constante en los propósitos y determinación en que estaba el día antecedente a la tal desolación». Sin duda, la desolación no debería hacer mella en nuestro ánimo, pues nuestro propósito y determinación son de una trascendencia tal para la sociedad a la que servimos que han de mover nuestro raciocinio, nuestro pensar y obrar en pos de la búsqueda de una Salud Planetaria que garantice la equidad y accesibilidad al tercer Objetivo de Desarrollo Sostenible y al artículo 25 de la Declaración Universal de los Derechos Humanos (1948), que dice: «Toda persona tiene derecho a un nivel de vida adecuado que le asegure, así como a su familia, la salud y el bienestar, y en especial la alimentación, el vestido, la vivienda, la asistencia sanitaria y los servicios sociales necesarios». Esto sigue siendo una quimera para la mayoría de la humanidad, pero, en el ámbito de la salud, aún se hace más evidente el carácter interdependiente de una realidad que, siguiendo la filosofía zulú, ha de ser forjada en el concepto de *ubuntu*: «Yo soy porque nosotros somos».

Inviabilidad económica de la sanidad reactiva

Existen básicamente cuatro modelos de financiación sanitaria en el mundo, el modelo Bismarck, el Beveridge, el norteamericano y el de los países en vías de desarrollo. Podríamos sintetizar tanto los modelos como los principales problemas en su viabilidad económica de la siguiente manera:

El *modelo Bismarck*, seguido por prácticamente la mitad de los países europeos, es un modelo de financiación basado en el mutualismo, donde los trabajadores y las empresas aportan una cantidad económica destinada a la satisfacción de las necesidades de salud de la población. Inicialmente solo cubría a los mutualistas, más tarde se incorporó a la población en general mediante un fondo de apoyo para estas necesidades. En este modelo, el papel del estado es principalmente regulatorio y de control del servicio prestado. La accesibilidad a los cuidados es su talón de Aquiles, puesto que la universalidad de los cuidados no está garantizada.

El *modelo Beveridge*, seguido por la otra mitad de los países europeos, es un modelo donde la prestación sanitaria se financia con impuestos. La base del modelo es la universalidad del acceso a los servicios y es el Estado el que realiza mayoritariamente o casi en exclusiva la prestación de servicios de salud. Por consiguiente, el papel del Estado es de provisión sanitaria principalmente. Las listas de espera son el principal *handicap* de este modelo, que limita así la accesibilidad à los cuidados.

El *modelo norteamericano* se basa en el libre mercado. Por consiguiente, se accede a la salud pagando directamente por las prestaciones o mediante seguros médicos privados. Este modelo supone la exclusión directa del acceso a la sanidad, en ocasiones incluso a la más básica, de un importante grupo de la población.

Por último, pero el que afecta a un mayor número de personas en el mundo, los sistemas sanitarios de *los países en vías de desarrollo* adoptan versiones mixtas de los modelos anteriores. El principal problema que encuentran la mayor parte de estos estados es la escasa conformación administrativa, recaudatoria y estructural de la propia administración pública, lo que limita sustancialmente la creación de un modelo de prestación de salud. En este marco, dejarse llevar por el modelo norteamericano, que precisa a su vez una estructura económica importante que permita a los ciudadanos adquirir seguros o servicios sanitarios con sus propios recursos, es una solución para estos estados, pero es ineficiente y deja a la inmensa mayoría de la población sin un elemental acceso a las prestaciones.

El acceso a la salud es pues endémico a todos los modelos existentes, pero además, económicamente hablando, la garantía de poder seguir prestando los servicios de salud se está viendo en entredicho en todos ellos. Evidentemente, en un sistema sanitario exclusivamente de libre mercado, quienes disponen de gran cantidad de recursos no tendrán problema, pero el empobrecimiento de la sociedad y el elevado riesgo que supone la enfermedad lastra el desarrollo de los pueblos.

No podemos abordar un capítulo sobre sostenibilidad económica de los sistemas sanitarios sin adentrarnos, al menos un poco, en datos macroeconómicos, tendencias en las inversiones y gráficos que ilustren lo que estamos tratando. El análisis de las tendencias tiene una relevancia especial, ya que nos aporta una mínima capacidad de predicción del futuro; es decir, si la tendencia es a que el gasto/inversión sanitaria crezca un 5 por ciento anual, en 20 años se habrá doblado el gasto/inversión. Es fácil entenderlo si lo pasamos a la tendencia del gasto en energía eléctrica en nuestra casa: si cada año gastamos un 5 por ciento más, en 20 años pagaremos el doble cada mes en consumo eléctrico.

Dado que el acceso a la información hoy en día es relativamente sencillo, te propongo que si es de tu especial interés, usando las fuentes que señalo o las que tengas a tu alcance, actualices los datos que te aporto. Los años pasan rápido y estoy seguro de que los organismos oficiales cada vez serán más rápidos en actualizar sus datos.

Año a año, aumenta el gasto sanitario por habitante. En España, de 2022 a 2023, se incrementó un 7,6 por ciento y llegó a una media de 1.808 € anuales por habitante, aún por debajo de la media europea donde, según datos del Ministerio de Sanidad español, es de 2.244 € por habitante y año. En Alemania, el gasto fue de 4.785 € por habitante y año, en Francia, 3.523 € y, en Italia, 2.043 €. En los extremos están Bulgaria, con 572 €, y Luxemburgo, con 5.508 €[5].

Quizás un gráfico nos ilustre mejor la situación en las distintas áreas geográficas. Vamos a analizar el porcentaje del producto interior bruto (PIB) de los estados destinado a salud. Para hacernos una idea más concreta del gasto sanitario de la administración del estado en relación al total del gasto corriente del país. Por último, el gasto de bolsillo del total del gasto sanitario de un país: la parte que han de poner directamente sus habitantes de sus propios ahorros para cubrir sus necesidades en salud.

Como podemos comprobar, la tendencia es a incrementar el gasto total en salud. Si bien es cierto que hasta 2020 no se superó nunca el 10 por ciento del PIB del planeta, es significativo que el gasto corriente en salud de los estados, analizado de forma conjunta en todo el planeta, está por encima del 60 por ciento del total del gasto corriente. A su vez, se está produciendo un leve descenso de la cantidad de gasto que sale de los bol-

Gráfico 1[6]

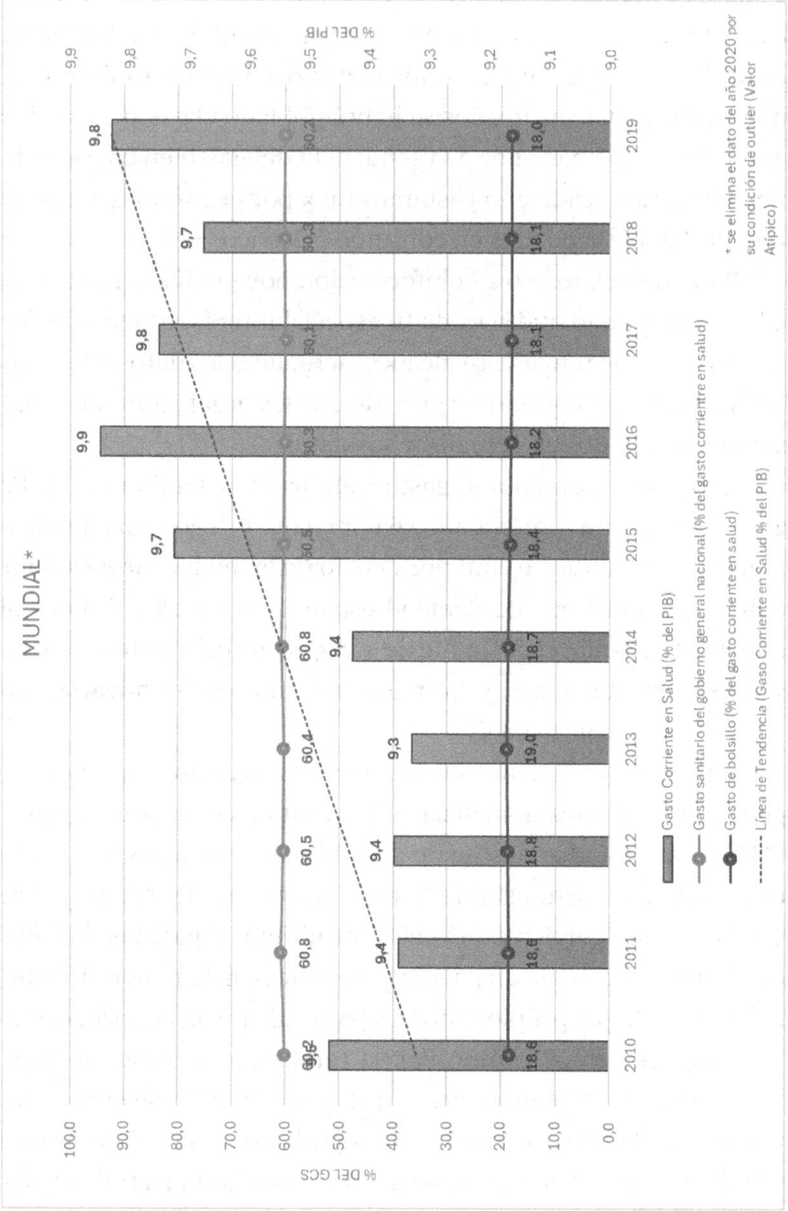
MUNDIAL*
% DEL GCS
% DEL PIB
2010
2011
2012
2013
2014
2015
2016
2017
2018
2019
Gasto Corriente en Salud (% del PIB)
Gasto sanitario del gobierno general nacional (% del gasto corrientre en salud)
Gasto de bolsillo (% del gasto corriente en salud)
Línea de Tendencia (Gaso Corriente en Salud % del PIB)
* se elimina el dato del año 2020 por su condición de outlier (Valor Atípico)

Gráfico 2⁷

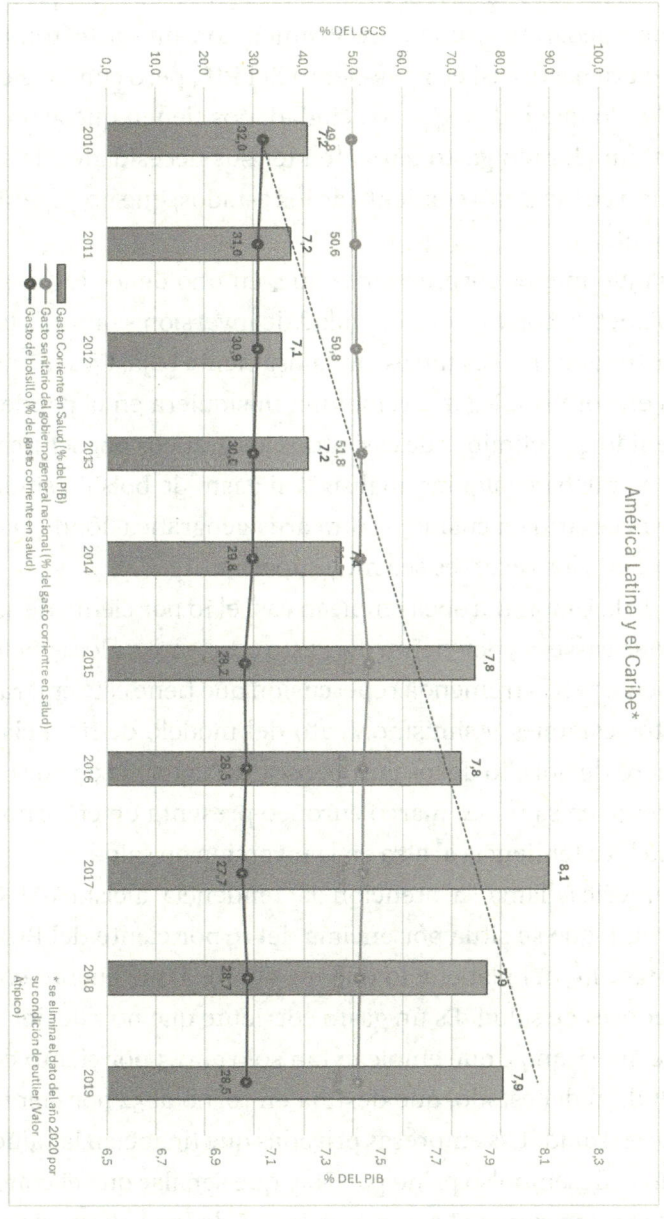

América Latina y el Caribe*

* se elimina el dato del año 2020 por su condición de outlier (valor Atípico)

sillos de los ciudadanos para satisfacer sus necesidades en salud, que en 2019 se situó en el mínimo histórico de la serie.

En esta zona geográfica, nos encontramos con un gasto total que, desde 2015, se eleva hasta casi el 8 por ciento del PIB, pero con un elevado gasto de bolsillo, lo que indica que los ciudadanos tienen que asumir de forma personal un elevado gasto para atender sus necesidades de salud. Tiene correlación con el gasto corriente de los estados, que no supera apenas el 53 por ciento.

Resulta cuando menos sorprendente que, en uno de los lugares más poblados del planeta y con mayor necesidad de inversión sanitaria, la tendencia en el gasto sanitario sea tan escandalosamente baja. Con un 4,7 por ciento del PIB en 2019 sin llegar a remontar, ni siquiera en el pandémico 2020, que he tenido que eliminar de casi todos los gráficos por ser un valor atípico que desvirtuaba cualquier análisis. Un gasto de bolsillo similar al que podría ser necesario en cualquier otra área geográfica donde la capacidad para acceder a los recursos sea muy superior.

Los países de la Unión Europea emplean casi el 10 por ciento de su PIB en salud y supone casi el 75 por ciento del gasto corriente de los estados, lo que nos hace pensar en la tremenda repercusión que tiene este epígrafe en los presupuestos estatales. Asimismo, fruto del modelo de financiación, el gasto de dinero de bolsillo de los europeos se sitúa en el 15,7 por ciento del gasto corriente en salud. El marco europeo presenta un entorno muy estable con una leve tendencia al alza en la inversión en salud.

En Norteamérica llama la atención la tendencia alcista del gasto corriente en salud, que se sitúa por encima del 16 por ciento del PIB, con diferencia el más alto del planeta, lo que no significa que cuente con los mejores indicadores de salud. Es un gasto corriente que no sale del bolsillo de los norteamericanos, que emplean tan solo el 11,5 por ciento de sus ahorros en salud, ni del estado, que destina en torno al 52 por ciento del gasto corriente en salud. Las empresas privadas que financian la salud son las que realizan el desembolso principal. Hay que señalar que el concepto *gasto de bolsillo* no incorpora el coste económico de los seguros de salud, que tiene en cuenta exclusivamente el dinero corriente.

Gráfico 3[8]

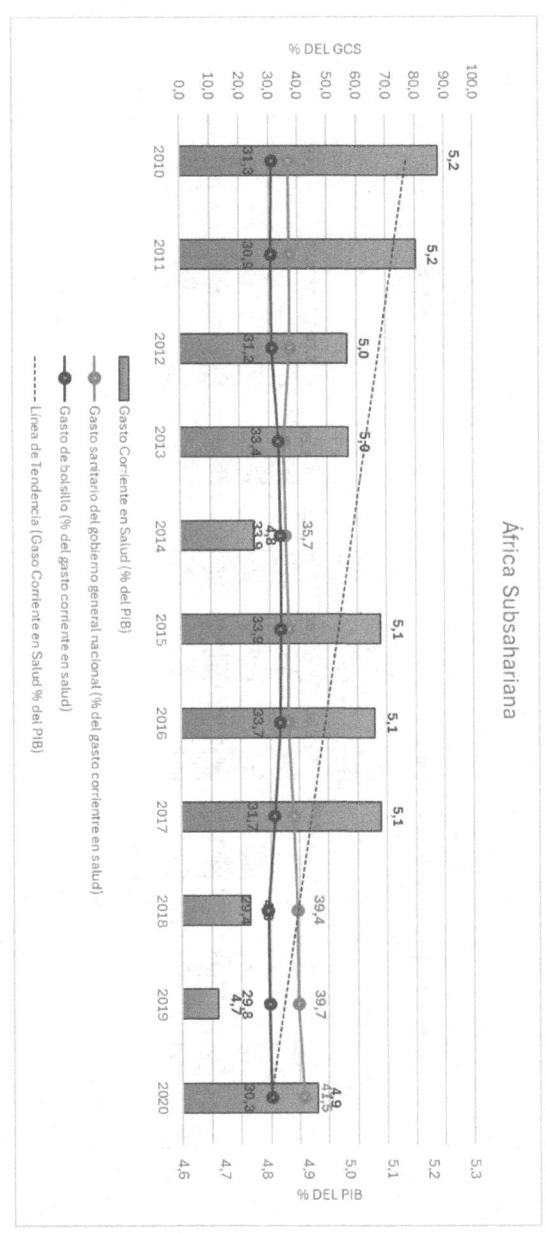

África Subsahariana

Gasto Corriente en Salud (% del PIB)

Gasto sanitario del gobierno general nacional (% del gasto corriente en salud)

Gasto de bolsillo (% del gasto corriente en salud)

Línea de Tendencia (Gasto Corriente en Salud % del PIB)

Gráfico 4[9]

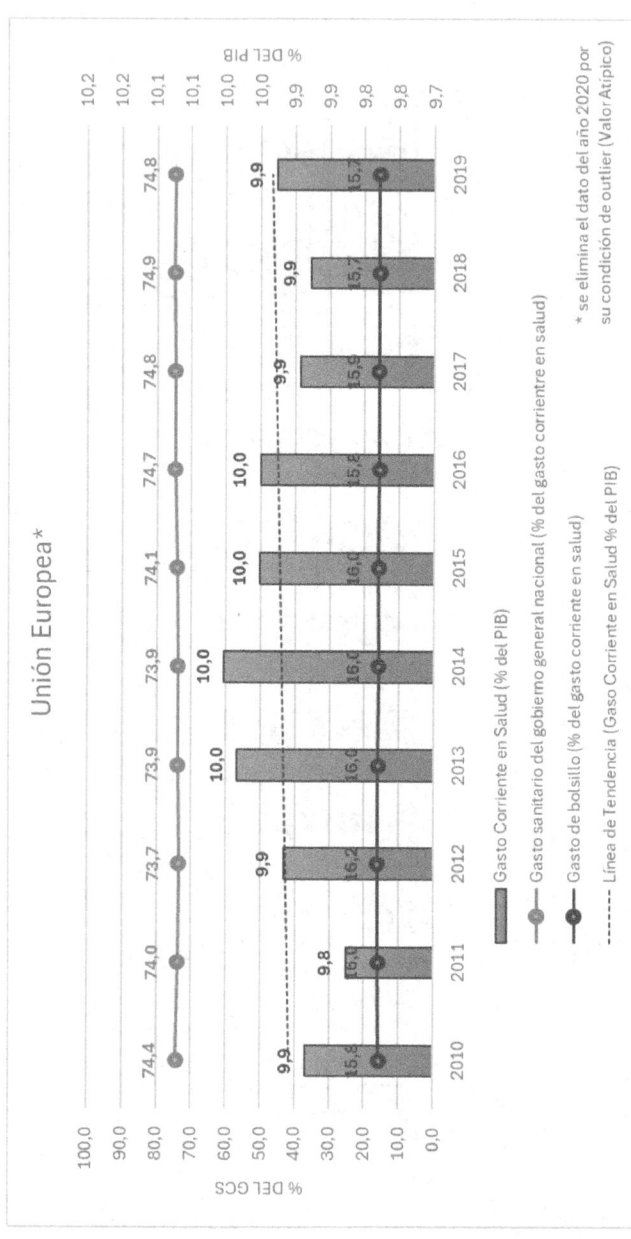

Unión Europea*

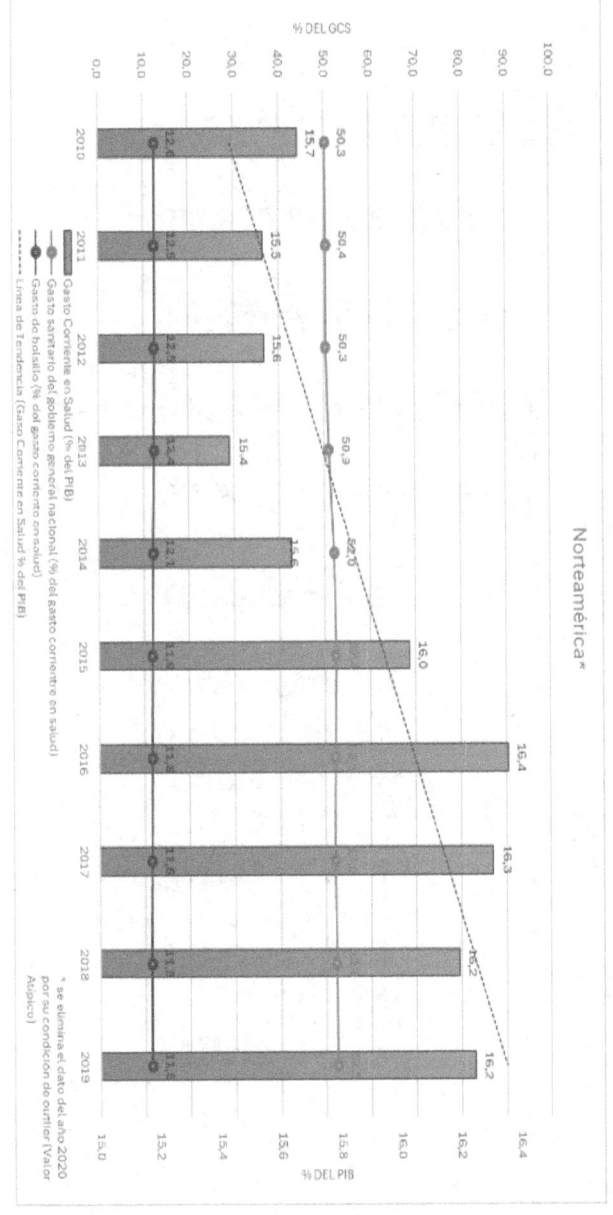

Gráfico 5[10]

Gráfico 6[n]

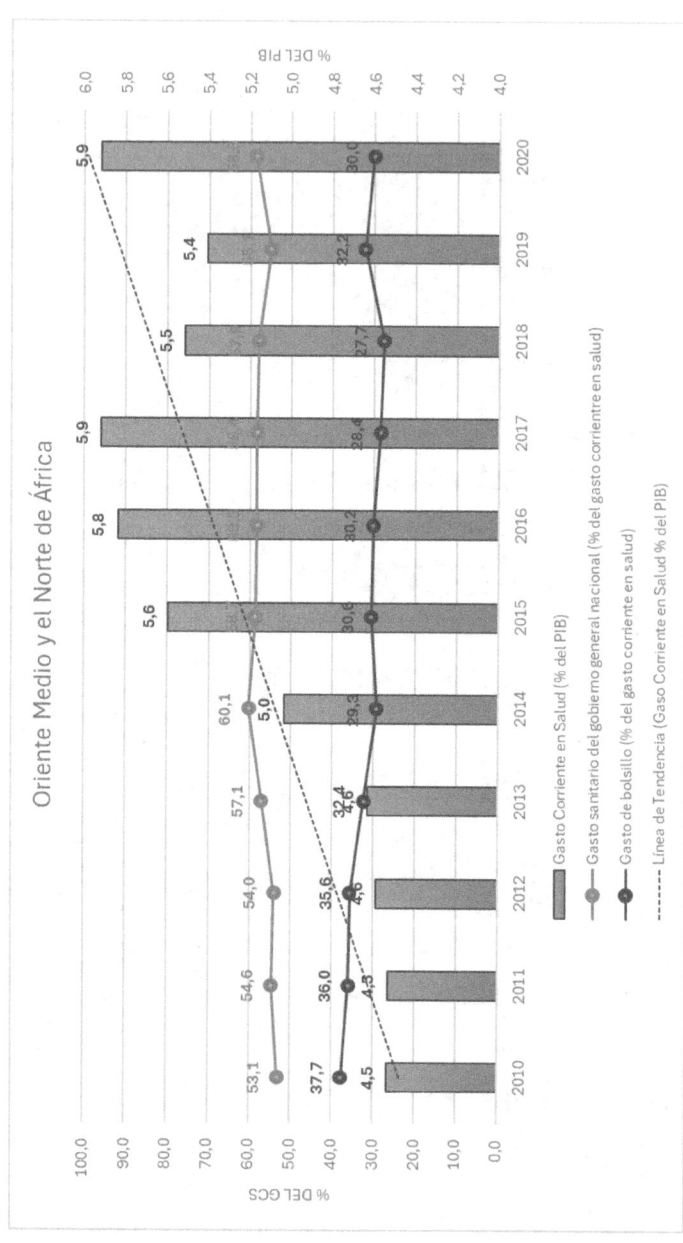

Oriente Medio y el Norte de África

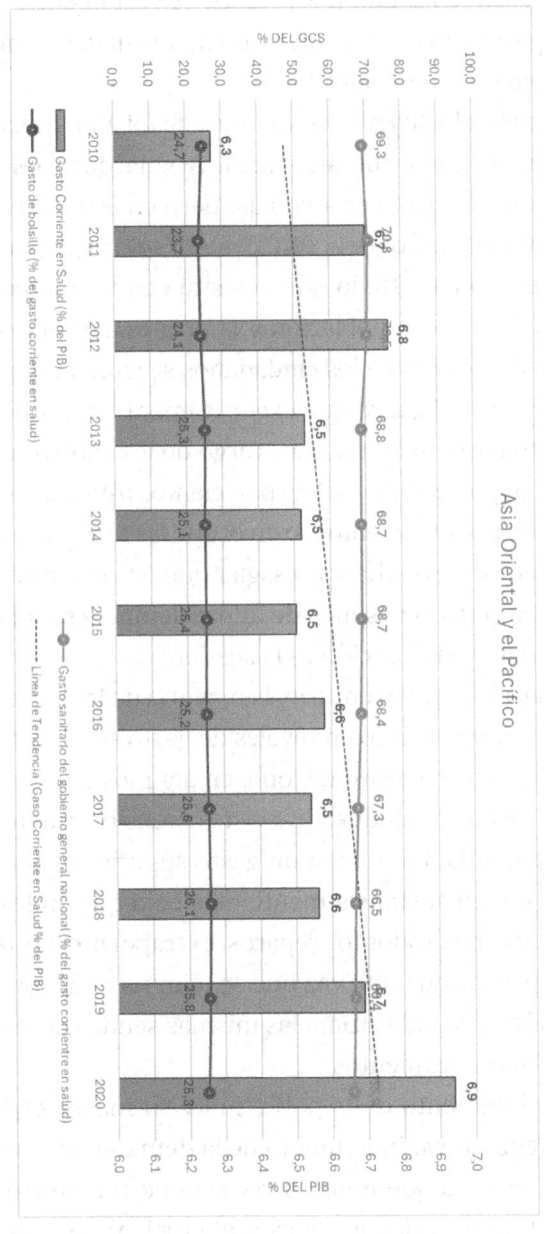

Gráfico 7[12]

Asia Oriental y el Pacífico

Tanto en el gráfico 6 como en el 7 podemos ver que la tendencia sigue siendo alcista en el gasto en salud. Los estados se gastan entre un 55 y un 65por ciento de su gasto y los ciudadanos tienen que dedicar entre un 30 y un 25 por ciento de su dinero de bolsillo.

En Asia meridional se incluyen países como Afganistán, India, Pakistán, Bangladesh, Maldivas, Sri Lanka, Bután y Nepal. Al igual que en el África subsahariana, la tendencia del gasto es a la baja, pero en este caso sorprende aún más el reducido impacto sobre el PIB, con tan solo el 3,1 por ciento del gasto en salud en relación al PIB, lo que nos sitúa en un marco en el que la brecha entre una parte de la población y la otra es aún mayor. El gasto corriente del dinero de bolsillo de los ciudadanos se sitúa muy por encima del gasto corriente del estado, algo que exclusivamente se produce en este entorno, con un gasto corriente en salud a cargo de los ahorros de los habitantes de estos países por encima del 53 por ciento, frente a un 32-34 por ciento del estado, todo ello en un entorno en el que las tendencias demográficas están disparadas, lo que nos hace presagiar que esta situación irá a peor.

¿Qué es lo que ha pasado después de la pandemia desatada en 2020? Pues, en donde hay datos, la situación es la siguiente:

Tras haber disparado el gasto en 2020, la mayoría de los países redujo el gasto en 2021 y, en 2022, ya se situó en niveles de gasto similares a los anteriores a la pandemia. Si bien sorprende que, en algunos casos como Dinamarca y Noruega, el gasto en salud se haya visto ostensiblemente reducido. El Reino Unido y Alemania mantienen un gasto superior al periodo anterior a la pandemia, si bien sustancialmente más bajo que en los dos años de pandemia. Podemos, con todos los reparos, extrapolar estas tendencias al resto de países y pensar que una vez que se elimina el factor miedo del escenario, la inversión en salud retoma las mismas sendas de reaccionar y no adelantarse a los acontecimientos.

Factores como el aumento de la población y su mayor esperanza de vida conllevan un significativo incremento de la demanda de prestaciones sanitarias. Es una demanda que muchas veces tiene características específicas etáreas y culturales. Además, la espiral creciente de gasto en personal y el aumento del gasto en fármacos y equipos tecnológicos podrían

Gráfico 8[13]

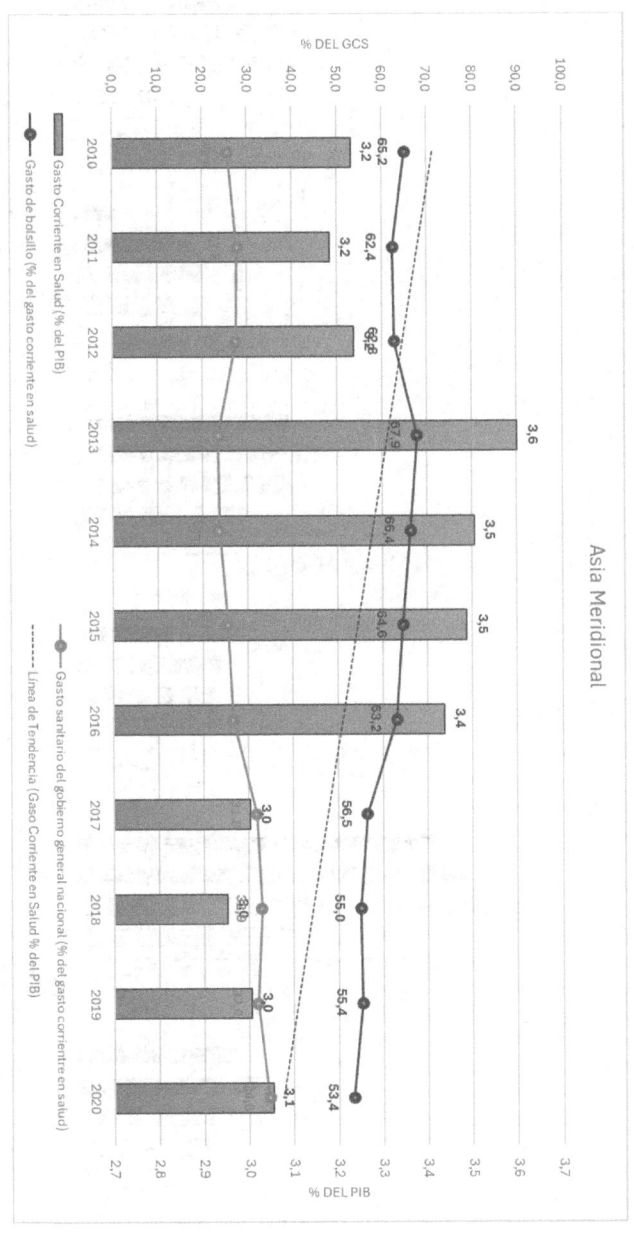

Asia Meridional

Gráfico 9[14]

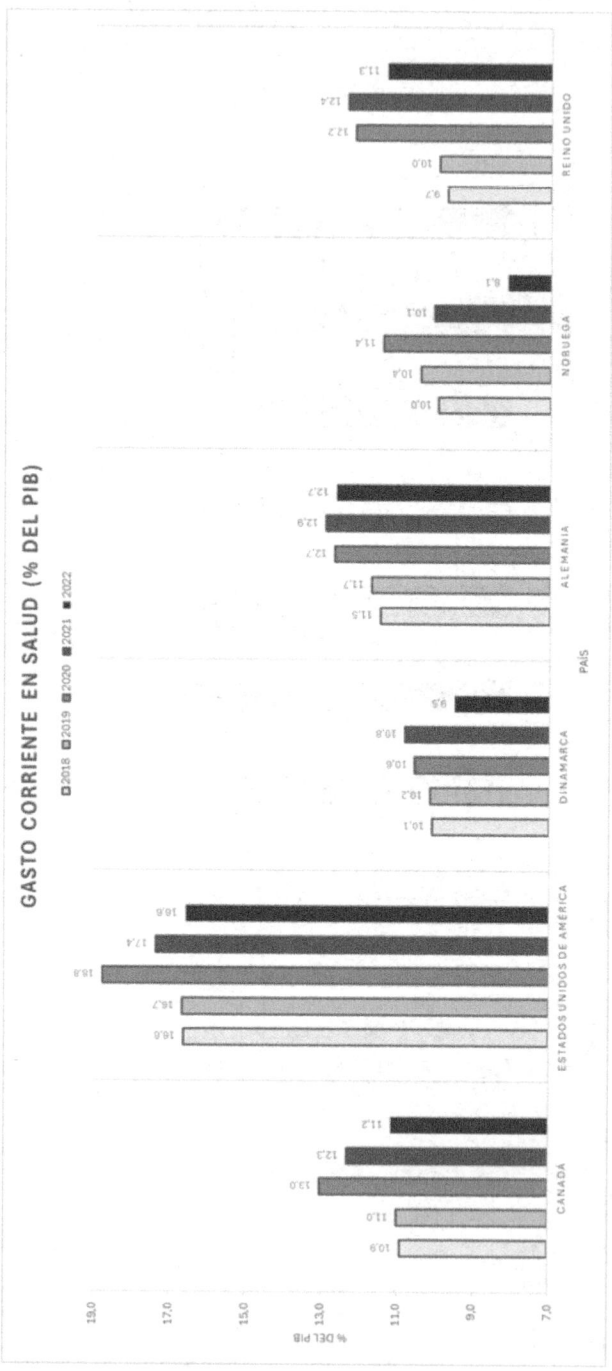

condicionar las inversiones públicas en un contexto mundial de menor crecimiento económico.

A los nuevos medicamentos y tecnologías médicas hay que pedirles no solo eficacia respecto del placebo, sino eficacia relativa respecto de los medicamentos o tecnologías con los que van a competir o que van a sustituir. La evidencia disponible indica que, en muchos casos, la aportación marginal es muy pequeña, pero, a cambio, el coste es mucho más elevado. En teoría microeconómica, la productividad marginal o aportación marginal de un factor productivo es la variación en la cantidad producida de un bien motivada por el empleo de una unidad adicional de ese factor productivo, permaneciendo constante la utilización de los restantes factores. En el caso de los medicamentos o de la tecnología sanitaria, es la mejora en resultados de salud que se obtiene al usar un nuevo medicamento o una nueva tecnología. Dicha aportación marginal está afectada en términos generales por la ley de los rendimientos decrecientes. Esto quiere decir que, a medida que se añaden cantidades adicionales de un factor productivo o nuevos fármacos o nuevas tecnologías manteniendo el empleo del resto de los factores sin variación, se alcanza un punto a partir del que la mejora en salud total aumenta cada vez menos en términos generales; es decir, sin tener en cuenta que el fármaco o tecnología suponga un cambio disruptivo sustancial en el tratamiento o mejora de la enfermedad.

La Asociación de Economía de la Salud Española considera que la estandarización de los procedimientos de evaluación económica, el requerimiento y realización en condiciones de transparencia e independencia de este tipo de estudios para las innovaciones y el establecimiento de un umbral indicativo del coste máximo por AVAC[15] que no se debiera superar (por ejemplo, una especie de guía sitúa alrededor de los 30.000 € por AVAC o un valor análogo mejor fundamentado y flexible pero representativo de la disposición social a pagar) serían actuaciones en la línea de determinar la disposición pública a pagar en función del valor adicional del medicamento y en la de suministrar indicaciones eficientes a la actividad investigadora. El uso de umbrales indicativos del coste por AVAC debe ser flexible y matizada por el impacto presupuestario[16]. Me atrevo a plantear la posibilidad de estudiar el ámbito de la investigación colaborativa para evitar la ruina de los sistemas sanitarios por la presión económica de la industria farmacéutica que, tras su inversión en investigación, como es lógico por su propia idiosincrasia, trata de maximizar los beneficios de su inversión, lo que puede llegar a generar la ruina de los diferentes sistemas sanitarios.

Los sistemas sanitarios no cuentan con una auténtica cultura evaluadora, lo que impide disponer de evidencia rigurosa sobre cómo han funcionado o funcionan las distintas fórmulas de gestión sanitaria (pública, publico-privada, conciertos, etc.). En este sentido, hay algunos estudios que evalúan concienzudamente una experiencia en el ámbito exclusivamente catalán formada por cooperativas de profesionales con las que el Servei Catalá de Salut concierta la asistencia a cambio de una retribución capitativa (por población). Estos estudios muestran que los resultados son positivos, tanto desde un punto de vista de ahorro (costo-eficiente) como en indicadores de calidad y satisfacción de los usuarios.

En lo concerniente a la colaboración en el ámbito de la atención primaria, los pocos estudios disponibles que evalúan las Entidades de Base Asociativa (EBA), una experiencia de ámbito exclusivamente catalán formada por cooperativas de profesionales con las que el Servei Catalá de la Salut concierta la asistencia a cambio de una cápita, muestran resultados positivos tanto desde la perspectiva del ahorro como en lo concerniente a indicadores de calidad y satisfacción[17].

Al igual que sucedía con el crecimiento económico, un sistema sanitario con un incremento infinito en el gasto es sencillamente inviable. No podemos confiar en que generaremos los recursos necesarios para incrementar el gasto en salud de forma permanente, sobre todo cuando lo que se produce es un incremento de forma generalizada por encima del propio crecimiento de la economía de los Estados. Ciertamente, se puede confiar en el uso más adecuado de los recursos públicos. Casi con total certeza se podría mejorar sustancialmente esa asignación en las partidas presupuestarias en muchísimos países del planeta; pero, aun así, se produciría un incremento inasumible por parte de las arcas del Estado en la inversión en salud. Por esta razón, que considero más que suficiente, es imprescindible replantearse la sostenibilidad y cómo afrontar la mejora en salud de las personas desde una dimensión planetaria, desde la Salud Planetaria.

El objetivo es preservar la salud de las personas, hacer que su entorno y su vida sea más plena y saludable, invertir en educación cívica, en acciones formativas transversales que doten a la ciudadanía de herramientas para la gestión de sus actividades diarias desde la participación, la solidaridad, los valores colectivos y la mejora de su calidad de vida, informar dónde conocer en detalle la estructura de salud de su entorno, su uso, el coste que tiene y la forma de hacer de la vida un espacio más genuino donde la profundidad sustituya a la superficialidad y donde el ser humano se desempeñe en una simbiosis perfecta con su entorno.

Políticamente es muy incorrecto, pero el concepto *todo gratis para todos* en salud está llamado a la extinción inmediata. Los distintos modelos existentes en el planeta se someten a diferentes niveles de estrés según la capacidad financiera de los Estados y el modelo asistencial aplicado, pero siempre dejan fuera a un elevado número de seres humanos, de personas que simplemente han nacido en el otro lado de la frontera, sea esta política o económica. La equidad es la única forma de garantizar la sostenibilidad. No pueden disfrutar de una magnífica sanidad unos pocos. En salud, no hay esta posibilidad. Ese es un modelo económico, marcado por un capitalismo radical que ya ha sido reconocido mundialmente como fracasado. Si de algún modo pudiese funcionar en el plano económico, en el de la salud es total y absolutamente inviable. La tozuda realidad nos golpea constantemente y nos recuerda que, en salud, o todos disfrutamos de un nivel adecuado de salud o nadie dispone de su certeza.

La fragilidad nos hace iguales. La enfermedad y la muerte nos sitúan a todos en un mismo plano: la certidumbre de la incertidumbre.

Capilaridad

Cuando hablamos de capilaridad en gestión sanitaria estamos haciendo un símil con la capilaridad del sistema circulatorio; es decir, con la capacidad de llegar hasta el último rincón de nuestro cuerpo para dotarle de vida.

En la gestión, la capilaridad es hacer llegar la prestación sanitaria a cada una de las células de nuestro ser social, de nuestra sociedad, de nuestro entorno colectivo, que finalmente puede llegar a ser la propia persona individual.

Pues bien, se ha extendido el concepto de que la concentración de servicios es costo-eficiente o, lo que es lo mismo, que la mejor forma de ahorrar inversión en salud es concentrando los servicios de salud y que sean los usuarios los que se desplacen. Esta visión ha generado hasta la fecha un incremento sustancial en la inversión sanitaria. Esto es un hecho empíricamente comprobado. De hecho se viene hablando desde hace ya mucho tiempo de la crucial importancia de la atención primaria, del trabajo de la enfermería comunitaria y de la especialidad de medicina de familia y comunitaria; pero, lamentablemente, las decisiones políticas no acompañan estos criterios. La inversión en atención primaria sería sin duda la que generaría más ahorro en los sistemas de salud. Si además de esa inversión en atención primaria se potencia la prestación de servicios remotos y a domicilio coexistiendo el seguimiento a distancia, pero de forma síncrona, con la intervención social y asistencial conjunta en los propios domicilios de los ciudadanos, el resultado en salud no se haría esperar. Esta atomización del cuidado tiene un problema importante en rédito político: es difícil de ver. Los megahospitales son auténticos monumentos al narcisismo político. La presencia de centros de especialidades de gran tamaño o proyección suponen un elemento que siempre recuerda la intervención del mandatario político. Pero el ya viejo modelo de las cinco pes, atención personalizada, preventiva, participativa, predictiva y poblacional, en entornos atomizados, buscando la máxima capilaridad, no son visibles, pero sí efectivos y eficientes.

Solo con servicios de reducido tamaño, muy pegados al terreno, pero trabajando en red de forma eficiente, pueden adaptarse a la realidad enormemente cambiante de nuestros entornos. Necesitamos profesionales de la salud de campo, de calle, de entornos en los que se desarrolla la vida.

El trabajo en red implica diversidad, genera valor añadido, es comunitario, es fuente de crecimiento. Por eso, no debemos desdeñar aquellos avances que hemos vivido en los últimos años en la prestación sanitaria. La hiperespecialización de entornos asistenciales es una forma más de capilaridad, de hacer salud a nivel celular. Asimismo, sobre las mismas infraestructuras arquitectónicas o instalaciones ya construidas podemos reformular el concepto de hospital constituyéndolo en nódulos hiperespecializados que generan una red tridimensional de trabajo fomentando la dimensión sistémica de las infraestructuras asistenciales: un trabajo en red que garantice la continuidad de cuidados porque no ha de existir desconexión alguna entre los diferentes entornos asistenciales que, constituidos en una red eficaz y fuerte, den soporte a las personas a lo largo de toda su vida y estén enfocados en preservar la salud de las personas y no solo en reaccionar ante la enfermedad.

La medicina basada en el valor para lograr una atención de la mayor calidad para la persona que circunstancialmente esté enferma al mejor coste (aún falta mucho para que sea una práctica mayoritaria, incluso una tendencia real en los diferentes sistemas) se desarrollaría con mayor calado desde la capilaridad y podría crecer sustancialmente. La exigencia importante que requiere en cuanto a implementar sistemas de medición de resultados de salud de valor para las personas, organizar la práctica asistencial en torno a procesos y calcular los costes por paciente durante todo el proceso hace que, junto con el escaso compromiso político, este modelo tenga escasa penetración en la realidad asistencial.

¿QUÉ PUEDO HACER YO POR EL SISTEMA?

Muchas veces pensamos que esto de la sostenibilidad del sistema sanitario, sea en el país que sea, es cosa de los políticos de turno, de los gestores sanitarios o de los implicados en la prestación sanitaria. Pero yo, como ciudadana o como ciudadano de a pie, ¿qué puedo hacer? Yo como estudiante, como empresaria, como trabajador, como profesional, como activista social, como lector, como usuario, como actor protagonista de mi propia salud, ¿qué puedo hacer para garantizar que cuando lo precise vaya a contar con una adecuada prestación sanitaria, un entorno asistencial de la máxima calidad y eficiencia?

Nadie nos podría hacer pensar hace unos años, no tantos, que el cambio climático, el cuidado del medio ambiente, nos iba a cambiar tanto nuestros hábitos cotidianos. La clasificación de residuos sólidos urbanos, el reciclado de materiales, la movilidad sostenible, las *smart cities*, los vehículos eléctricos, la reducción del consumo energético, etc., son hechos arraigados ya en nuestro entorno, en nuestro día a día. Pero no es frecuente que hagamos razonamientos similares en relación a nuestra salud, a la prestación sanitaria y al sostenimiento económico de los entornos de salud.

Te propongo que aportemos ideas concretas de cómo colaborar con el sostenimiento de la prestación sanitaria de nuestro entorno. Como ciudadano, ¿qué puedo hacer para mejorar la eficiencia económica del sistema de salud en el que vivo? Para romper el hielo, y a título exclusivamente orientativo, inicio yo la lista:

- Acudir al servicio de salud solo cuando lo necesito.
- Cumplir con la totalidad del tratamiento de antibióticos.
- Eliminar los excedentes de medicamentos en puntos especializados en el tratamiento de este tipo de residuos.
- No tener un estilo de vida sedentario.
- Lavarme las manos con frecuencia y siempre antes de comer.
- Garantizar la potabilidad del agua que consume mi familia.
- ...
- ...

Estoy deseando leer tus ideas en: <www.globalhealthcaremanagement.health>.

¿HAY FUTURO PARA NUESTROS SISTEMAS SANITARIOS?

Sin duda, sí hay futuro. Como hemos visto con anterioridad, prestar cuidados está en la raíz misma de nuestra civilización. Por consiguiente, el ser humano se adaptará siempre para poder dotar de cuidados. La pregunta debería ir más enfocada a los matices: ¿Para quién hay futuro? ¿Cómo va a ser ese futuro? ¿Aportaremos los cuidados que se merecen a aquellos que los requieren? Confío, sin tener la certeza, en un futuro prometedor. La realidad nos pondrá en el sitio que corresponde y estoy seguro de que eso acarreará el menor número posible de muertes prematuras; pero, lamentablemente, las habrá porque ya las hay, ya están teniendo lugar.

Podemos hacer que los sistemas de salud sean sostenibles y asumibles para las maltrechas arcas de los estados. Podemos concebir la salud como un valor supremo de los derechos humanos, trabajar eficientemente por ello y no dejar que la maximización de beneficios como única razón de ser de las compañías y las personas lo inunde todo. Es legítimo obtener beneficios de las inversiones y el trabajo, pero no lo es que se magnifiquen sin límite, sin que supongan un real y práctico retorno social.

La sostenibilidad del sistema sanitario dependerá en gran medida del cambio en el modelo económico del planeta. De nosotros depende que sea un cambio sosegado, sin neorrevoluciones, que reduzca la brecha inmensa de desigualdad y que entienda de una vez que la vida no tiene precio, que la salud es un bien universal y que no podemos vivir en una burbuja que nos aísle del resto de la humanidad, por lo que la salud o es planetaria o no es.

8
LA FELICIDAD EN EL CUIDAR

Quizás no sea casualidad que comience a escribir este capítulo el día 12 de mayo, que, como quizás sepas, es el Día Internacional de la Enfermería, la expresión máxima de la ciencia del cuidado hecha profesión.

Si te parece bien, me gustaría que explorásemos juntos la posible devaluación del cuidado en la sociedad occidental. Desde mi punto de vista, desgraciadamente se puede percibir una marcada deriva de menosprecio hacia el valor de la tarea de cuidar. Hoy en día, muchos hijos perciben que los cuidados de sus padres son un derecho que no se ha de agradecer, una obligación voluntaria que no precisa tampoco reconocimiento alguno. La mayoría de los padres de esos hijos no cuidan a los abuelos, que son derivados a la institucionalización de los cuidados. En mayor o menor medida, esta institucionalización también se procura para los hijos, mediante establecimientos especializados en el cuidado de bebés e infantes hasta los tres años. A partir de ahí, comienza la extensa carrera formativa, en muchas ocasiones, con actividades extraescolares que prolongan la custodia institucional. De tal modo que el cuidado de terceros afecte lo menos posible a nuestro estilo de vida. Es frecuente que demos prioridad a casi todo antes que a dedicar tiempo y cuidados a nuestros familiares. A título solo de reflexión, en el hipotético caso de que nos encontremos en esta situación: si hacemos esto con nuestros propios padres e hijos, ¿qué no haremos con el resto de la humanidad? La generalización siempre es un error, por lo que, evidentemente, existen también muchas personas que sí dedican tiempo, esfuerzo y su vida a cuidar tanto a sus seres queridos como a otras personas; pero te animo a reflexionar sobre ello, a hacer tu propio análisis objetivo y profundo sobre el cuidado.

Esa desafección por el cuidado, que identificamos tácitamente como una tarea inferior a la que nos podríamos merecer, la plasmamos en las condiciones laborales de las personas a las que contratamos para la prestación de esos cuidados básicos en el entorno familiar (bebés, personas mayores, etc.), muchas veces en situación de trabajo informal sin apenas formación reglada, en absoluta precariedad e indefensión. Les negamos los derechos laborales básicos a aquellos a los que les encargamos el cuidado de nuestros seres más queridos... al menos así lo expresamos.

Me pregunto si no existe un círculo vicioso patriarcal en el rechazo al cuidado. Como es mayoritariamente femenino, la sociedad lo rechaza y, por eso, lo deja en manos femeninas.

Me respondo que lo que existe es un círculo virtuoso en clave femenina, cuide o no cuide. El cuidado es la base de la civilización, es lo que nos dignifica como seres humanos, es la esencia del ser, es la expresión pragmática de la dignidad y la afectividad.

Resulta difícil de sostener lo denostado del cuidado cuando lo miramos con ojos de ternura. Cómo descalificamos, humillamos y vilipendiamos muchas veces a los que se dedican al cuidado de aquellos a los que nosotros no queremos cuidar, aunque no podemos zafarnos de esa responsabilidad y la transformamos, muy frecuentemente, en una carga económica sin más porque no llega a ser ni una carga moral.

Ojalá en este caso la globalización y el contacto con otras culturas nos haga caer en la cuenta de la trascendencia de dignificarnos a nosotros mismos como personas, dedicándonos al cuidado, no dejando que un entorno social que menosprecia aquello que requiere cuidado porque pone el foco en el utilitarismo se apodere del sentir social, no permitiendo que un sutil rechazo se genere en nuestras sociedades hacia aquellos que requieren cuidados. Jamás se habían alcanzado las actuales cotas de integración de la diversidad o de las personas dependientes y, a la vez, jamás se rechazó tanto la implicación personal en el cuidado de las personas. Con frecuencia, oímos un *no puedo* que suple un *no quiero*. Anteponemos centenares de cosas al cuidado de nuestros seres queridos. Esto es así de anacrónico, así de real y de espeluznante porque, además, lo hemos interiorizado y normalizado hasta tal punto que precisamente lo excéntrico es lo contrario: cuidar.

Pues bien, fruto de esta situación es que en el momento de plantearnos el cuidado como profesión en algunas ocasiones se adorna hasta el ridículo de tecnicismos y evidencia científica porque está tan desprestigiado en la sociedad que parece que incorporar el servicio y el cuidado en nuestro desarrollo profesional es bajar nuestro nivel de cualificación. Señoras y señores del mundo de la salud, ministras, ministros, directoras generales, gerentes, doctoras y doctores, enfermeras, auxiliares de enfermería, limpiadores y limpiadoras, equipo de mantenimiento, administración, seguridad: nuestra única razón de ser es el servicio y el cuidado. Toda la dimensión científica es imprescindible, toda la dimensión técnica y metodológica es incuestionable, toda la dimensión organizativa es vital; todo ello está enfocado a un único objetivo: servir y cuidar, cada uno desde nuestro propio rol, desarrollando de forma impecable nuestra tarea en este bien superior que dignifica al ser humano.

En una sociedad centrada en el crecimiento económico, dedicarse a cuidar no aporta prestigio social ni valor económico directo. Es por eso que muchas veces, a los cuidadores se nos ve siempre como un gasto. En el capítulo anterior he tratado de desmontar esa visión, pero la sociedad superficial que impera de forma generalizada no siempre termina de verlo así. Nosotros sabemos que la Salud, así con mayúsculas, aquella de la que hablábamos al comienzo del libro, aporta la base indispensable para cualquier actividad económica, pero aporta lo que es aún más importante: felicidad.

Casi podríamos convenir que existen tantas definiciones de felicidad como personas, pero sí podemos aseverar, sin temor a errar, que se encuentra única y exclusivamente en el yo-social, jamás en el yo-individual. Volvemos la vista atrás, de nuevo, y recordamos a nuestro próximo, a nuestro prójimo. Volvemos a la vida en plural, en el servir y cuidar, en el compartir y gozar en común, en la interrelación como fuente de crecimiento y desarrollo personal.

Como profesionales, pero también como usuarios, tenemos la suerte, el honor y la responsabilidad de dedicarnos a fomentar y desarrollar al ser humano. En un tiempo en el que nos encontramos tan solo en el dintel de las nuevas tecnologías que cada vez arrinconan más muchas de nuestras tareas, lo disruptivo es ser persona, es ser humano.

Te propongo reivindicar nuestra propia humanidad, nuestra fragilidad, vulnerabilidad e imperfección. Yo soy frágil, vulnerable y muy muy imperfecto. Así me reconozco y me reinvento cada día. Desde mi punto de vista, tiene especial relevancia reconocer nuestra fragilidad porque podemos caer en una especie de adolescencia perpetua en la que creemos que somos inmortales y que nunca nos pasará nada, que es una situación muchísimo más frecuente de lo que nos imaginamos. Además, no debemos olvidar una obviedad que en ocasiones nos pasa desapercibida: solo podemos dar lo que tenemos. No podemos aportar seguridad desde la inseguridad, no podemos aportar paz desde la ansiedad. Lo que también nos lleva irremediablemente a la reivindicación de la profundidad. Abandonemos la superficialidad y la liquidez inconsistente para adentrarnos en el apasionante mundo de la profundidad y de la construcción del humanismo en estado puro para, desde nuestra atalaya interior, participar de una forma muchísimo más vital y consciente de la vida, de la búsqueda activa de la felicidad en los pequeños detalles, en los susurros... que es donde se encuentra.

Hablando de dar aquello que se tiene, las organizaciones excelentes en la prestación sanitaria solo pueden serlo si son excelentes en el cuidado de sus profesionales. La congruencia entre lo que hago y con quien lo hago es incuestionable. Se evidencia radicalmente la incapacidad de los entornos asistenciales para prestar de forma excelente sus servicios cuando maltratamos de obra, *de facto* o por omisión a los profesionales. Solo personas felices en sus entornos laborales pueden aportar los cuidados que todos nos merecemos.

Ciertamente, la judicialización que la prestación sanitaria está sufriendo en la mayoría de territorios conlleva que los prestadores adopten una actitud conservadora y rigorista porque, como es lógico, nadie quiere encontrarse con situaciones que supongan un grave riesgo para su vida personal. No es sencillo encontrar el equilibrio, pero estamos obligados a buscarlo. De lo contrario, carece de sentido nuestra vocación de servicio. Cuidar es nuestro principal generador de felicidad. Negándonos a ello, a nuestra vocación y nuestra razón de ser en el cuidado, nos boicoteamos la posibilidad de ser y crecer en plural, nos negamos la principal herramienta para la felicidad.

Conectando con Maslow

Abraham Maslow[1] fue un psicólogo estadounidense conocido como uno de los fundadores y principales exponentes de la psicología humanista.

Su desarrollo teórico más conocido es la pirámide de las necesidades. Se trata de un modelo que propone una jerarquía de las necesidades humanas, en la que la satisfacción de las necesidades más básicas da lugar a la generación sucesiva de necesidades más altas. Sin embargo, según Maslow, únicamente las necesidades no satisfechas generan una alteración en la conducta, ya que una necesidad suplida no genera por sí misma ningún efecto. Otro principio fundamental de su teoría es el que sugiere que las únicas necesidades que nacen con el individuo son las de la base, es decir, las necesidades fisiológicas. Las restantes surgen a partir de estas necesidades y una vez que han sido suplidas[2].

PIRÁMIDE DE MASLOW

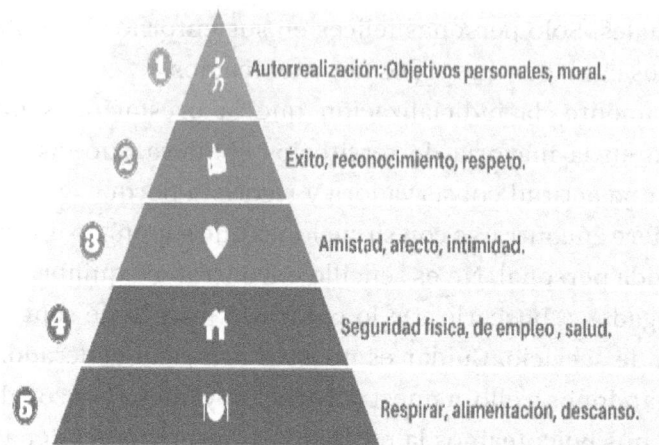

1. Autorrealización: Objetivos personales, moral.
2. Éxito, reconocimiento, respeto.
3. Amistad, afecto, intimidad.
4. Seguridad física, de empleo, salud.
5. Respirar, alimentación, descanso.

Como podemos ver, la salud está muy abajo en la pirámide de Maslow, es decir, es fundamental. Solo está precedida por aquello que determina el sistema nervioso central: respirar, alimentarse y descansar. Por lo que, a partir de estas mínimas necesidades fisiológicas, la base de nuestro existir se centra en hacerlo garantizando nuestra salud, es decir, garantizando que la parte fisiológica se mantenga. En definitiva, cuidamos y nos cuidamos para garantizar la base de esta pirámide. Sustentamos, pues, el acceso al resto de necesidades superiores que van apareciendo en nuestro camino vital.

Los entornos asistenciales precisan personas profundas y eruditas que pongan el foco en las necesidades básicas y sencillas del ser humano, que den concreción a los pequeños detalles, a las miradas, los gestos, las caricias y el tono de voz, que hagan de la ternura su principal canal de comunicación y conexión interpersonal. Necesitamos equipos inmensamente humanos para que la ciencia, la tecnología y la Inteligencia Artificial sean medios importantes al servicio de la salud. Estamos llamados a la belleza y grandeza de lo sencillo.

Me siento solo y dándome golpes contra un muro infranqueable

Sucede prácticamente lo mismo en cualquier rincón del mundo. Los profesionales que apuestan por el humanismo, por la experiencia de paciente y por la excelencia sienten que se encuentran pocos compañeros y compañeras de camino. Pero, sobre todo, sienten que las estructuras que deberían estar al servicio de los ciudadanos y ciudadanas generan dolor, deshumanización, frialdad, profesionales quemados y desilusionados. Suena con frecuencia en las mentes taciturnas de las guardias un: «¡Estoy sola! ¿Solo lo veo yo?». Pasan los años y nuestros ánimos decaen ante la imposibilidad de que la institución o la organización avance o, al menos, lo haga al ritmo que desearíamos. En algunos momentos, nos adaptamos a la mediocridad, nos adaptamos a lo que hay.

A lo largo de mi ya dilatada vida profesional en el ámbito de la salud, he tenido relación con más de cien centros hospitalarios y otros tantos centros sin internamiento. Puedo afirmar que absolutamente en todos había varias personas que trabajaban incansablemente, impertérritos y tenaces por un modelo de relaciones interpersonales más fraterno. Son legión los que abogan por una vinculación con las personas que ponen su salud en nuestras manos desde la plenitud del humanismo, haciendo crecer y florecer en esplendor todos los matices y diversidades que conforman a la persona.

Somos muchos, no estás sola, no estás solo

La realidad es muchísimo más hermosa de lo que, en ocasiones, nos imaginamos. Por eso, querría proponerte que entre todos pintemos un cuadro, una pincelada cada uno de nosotros, cada ser que apuesta por las personas, por hacer de la salud y la equidad un camino hacia nuestra propia felicidad porque yo soy feliz en tanto en cuanto nosotros, todos los posibles, seamos felices.

Quisiera conocerte, pero estoy completamente seguro de que hay mucha más gente que también desearía conectar contigo. Por eso, construyamos un ágora de experiencias de felicidad en el cuidar.

Hazte presente, visibilízate tú, tu servicio, tu equipo, tu centro asistencial. Te estamos esperando en <www.globalhealthcaremanagement. health>. Formemos comunidad, formemos equipo y, desde la diversidad, converjamos en el bien común, que es potenciar la salud de las personas y los pueblos en todas sus dimensiones.

En muchos territorios, los servicios asistenciales de salud son la organización más importante del lugar en número de personas trabajando, en volumen de actividad económica y como centro de interrelación de personas y organizaciones. La fuerza económica, política, organizativa, formativa, trasformadora de los entornos asistenciales es importantísima y muy pocas veces explotada en toda su potencialidad. Reflexionemos sobre nuestra propia responsabilidad en el devenir de la sociedad a la que servimos. Hagámoslo desde la libertad, pero también desde la alegría de nuestra propia vocación: servir y cuidar.

Podríamos dedicarnos a cien mil cosas distintas a lo que hacemos. Estamos aquí porque creemos que podemos aportar algo para que el mundo sea mejor. Porque solo desde lo concreto, desde el servicio al otro, un otro individualizado y personificado en plenitud, se cambia el mundo. Ese algo siempre será enorme porque cualquier gesto de cuidado es de tal valor intrínseco que no se puede abarcar con palabras. De forma efectiva, cada vez que usamos la ternura cambiamos el mundo con una infinita capacidad transformadora.

Antes de finalizar, te doy las gracias por acompañarme en esta apasionante aventura de escribir. Por haber dedicado un tiempo a la lectura de este libro que ya es compartido, conjunto, porque sin ti no tiene sentido. Esta obra está inconclusa. Tú eres el protagonista y todo continua o comienza ahora.

Deseo compartir camino contigo, pasar a la acción conjunta, nos hablamos y leemos en <www.globalhealthcaremanagement.health>. Como decía mi admirado Francisco de Asís: comienza haciendo lo necesario, luego haz lo que es posible y, cuando te des cuenta, lo que parecía imposible será una realidad transformada por la fuerza y la pasión de cuidar.

NOTAS

[1] En zulú se pronuncia [ùɓúntɓù], con el acento en la última sílaba.

1. HUMANIZAR LA SALUD ES COMO HUMEDECER EL RÍO

[1] José Carlos Bermejo nació en 1963 en Tordesillas (Valladolid, España). Es religioso camilo. Dirige el Centro San Camilo (Centro Asistencial y de Humanización de la Salud). Es experto en humanización de la salud, en duelo y bioética. Es director del máster en *counselling*, posgrado en duelo, en humanización, en gestión y en pastoral de la salud. Es profesor de la Universidad Ramón Llull de Barcelona, Católica de Portugal y Camillianum de Roma, autor de numerosos libros y artículos en español, portugués e italiano.

[2] Teresa Martínez Rodríguez es doctora en Ciencias de la Salud y psicóloga gerontóloga.

[3] Emilio Álvarez Sierra es fundador y director de formación y desarrollo de recursos humanos de la compañía People Up, especializada en la formación en el ámbito de la experiencia de cliente y de paciente.

[4] Académico americano, conocido por sus teorías económicas. Es titular de la cátedra Bishop William Lawrence en la Escuela de Negocios Harvard y dirige el Institute for Strategy and Competitiveness de la misma escuela de negocios.

5   Catedrática de Value-Based Care de la facultad de medicina de la Universidad de Dell. También trabaja en la McCombs School of Business como directora ejecutiva del Value Institute for Health and Care. Es cocreadora del concepto de atención médica basada en el valor.

6   Michael Porter y Elizabeth Teiberg, «Redefining Health Care: Creating Value-Based Competition on Results», *Harvard Business Review Press*, 25 de mayo de 2006.

7   Profesor de Epidemiología y Salud Pública en el University College de Londres (UCL). Actualmente es Director del Instituto de Equidad en Salud de la UCL.

8   Comisión de Determinantes Sociales de la Salud, informe «Los determinantes sociales de la salud. Los hechos probados». Oficina Regional para Europa de la Organización Mundial de la Salud, OMS, 2003.

9   Robert Wood Johnson Foundation. «Health Care's Blind Side. The overlooked connection between social needs and good health». Disponible en: <https://www.rwjf.org/content/rwjf/en/research-publications/find-rwjf-research/2011/12/health-care-s-blind-side.html>.

10 Linda P. Fried, Luigi Ferrucci, Jonathan Darer, Jeff D. Williamson y Gerard Anderson, «Untangling the concepts of disability, frailty, and comorbidity: implications for improved targeting and care», *J Gerontol A Biol Sci Med Sci.*, 59(3)/2004, 255-263.

11 Silvia Pérez Cruz es una cantante y compositora española en diversos géneros musicales. En octubre de 2022 obtuvo el Premio Nacional de las Músicas Actuales.

12 <https://www2.cruzroja.es/vulnerabilidad>. Este Informe de 2018 forma parte de la serie sobre Vulnerabilidad Social que Cruz Roja Española inició en el año 2016.

13 <https://www.sanidad.gob.es/areas/promocionPrevencion/promoSaludEquidad/equidadYDesigualdad/home.htm>.

14 Immanuel Kant (Königsberg, 1724-1804) fue un filósofo prusiano de la Ilustración. Es considerado como uno de los pensadores más influyentes de la Europa moderna y de la filosofía universal.

15 Immanuel Kant, *Fundamentación de la metafísica de las costumbres*, Espasa-Calpe, 1980.

16 Socio-director de PMMT Forward Thinking Healthcare Architecture.

17 Consultor de empresas y profesor, experto en estrategia, innovación, y transformación de las organizaciones.

18 <https://www.lavanguardia.com/dinero/20240512/9631124/liderazgos-sencillos.html>.

19 Anthony de Mello (Bombay, 1931-Nueva York, 1987) fue un sacerdote jesuita y psicoterapeuta conocido por sus libros y conferencias sobre espiritualidad y *mindfulness*. Además de la tradición judeocristiana, utilizaba elementos pedagógicos de las religiones orientales.

20 Anthony de Mello, *El canto del pájaro*, Sal Terrae, 1987.

2. Qué significa realmente que las personas estén en el centro. La centralidad del ser

[1] Real Academia Española. *Diccionario de la lengua española*, edición del Tricentenario, actualización de 2022.

[2] *Ibid.*

[3] *Ibid.*

[4] Jeremy Rifkin, *La civilización empática*, Barcelona: Paidós, 2010.

[5] *Diccionario de la lengua española.*

[6] Sonia González-Iglesias, *El poder de nuestra mirada en educación*. <www.educacionresponsable.org>.

[7] Romano Guardini, *El Señor*, trad. de Sergio D. Acosta, Buenos Aires: Lumen, 2000.

[8] José Ortega y Gasset, *El tema de nuestro tiempo*, Obras Completas, vol. III, Madrid: Fundación Ortega y Gasset.

[9] Sonia González-Iglesias, *El poder de nuestra mirada en educación*. <www.educacionresponsable.org>.

[10] Jun Nakamuro, *Kaizen: perdido en la traducción*, Causa & Efecto. Consultado el 14 de agosto de 2017.

3. Leyes que no siempre ponen a la persona en el centro

[1] <https://www.boe.es/buscar/pdf/2002/BOE-A-2002-22188-consolidado.pdf>.

[2] Immanuel Kant, *Fundamentación de la metafísica de las costumbres*, op. cit., 2016.

[3] Lino Ciccone, *Bioética*, Madrid: Editorial Palabra, 2006.

[4] Ángel Jiménez Lacave, *El principio de autonomía en la eutanasia según las diferentes corrientes bioéticas*, Oviedo, 2022.

[5] Juan José Pérez-Soba, «Bioética de los principios», en *Cuadernos de Bioética*, 2008, 19.

[6] J. M. Burgos, «¿Todos los seres humanos son personas? Acerca de la distinción en bioética entre persona y ser humano», en *Reconstruir la persona. Ensayos personalistas*, Madrid: Palabra, 2009.

[7] Ángel Jiménez Lacave, op. cit.

[8] Artículo 7, de la Ley 41/2002, de 14 de noviembre, básica reguladora de la autonomía del paciente y de derechos y obligaciones en materia de información y documentación clínica.

4. Decrecimiento

[1]   Carlos Taibo, El decrecimiento explicado con sencillez, Madrid: Los Libros de la Catarata, 2019.

[2]   Diccionario de la Lengua Española.

[3]   Carlos Taibo, op. cit.

[4]   Serge Latouche y Didier Harpagès, La hora del decrecimiento, Barcelona: Octaedro, 2011, pág. 15.

[5]   Ibid.

[6]   PIB: Conjunto de los bienes y servicios producidos en un país durante un espacio de tiempo, generalmente un año.

[7]   Serge Latouche, «Decrecimiento y posdesarrollo», El Viejo Topo, 2003.

[8]   Wikipedia.

[9]   Marián Galindo, en <https://www.ecoesmas.com/que-es-una-slow-city-hay-7-en-espana>.

[10] Cocreador de Astérix el galo, una serie de cómics.

[11] Lema de los Juegos Olímpicos creado por Fr. Henri Didon.

[12] Se entiende por salud poblacional la gestión de la salud de toda una población en una comunidad o área geográfica determinada.

[13] Proceso asistencial ambulatorio en el que queda establecido un diagnóstico junto con su correspondiente tratamiento, y ambos son reflejados en un informe clínico, todo en una sola jornada.

[14] Baños de bosque.

[15] Público objetivo o potencial.

[16] François Flahaut, Le crépuscule de Prométhée. Contribution à une historie de la démesure humaine, Mille et une nuits, 2008, pág. 262.

5. Generando cambios

[1]   Claude Elwood Shannon, A Mathematical Theory of Communication, University of Illinois Press, 1948.

[2]   Estado de bienestar físico, mental y social, y no la mera ausencia de enfermedad.

[3]   Datos publicados por la ONU: <https://onuhabitat.org.mx/index.php/ya-somos-8-mil-millones-de-personas>.

[4]   Datos del Banco Mundial: <https://datos.bancomundial.org/indicator/SH.MED.BEDS.ZS>.

5 En este sentido, hay que señalar que, además, en el entorno europeo, la tendencia es a reducir la necesidad de camas hospitalarias realizando cada vez más intervenciones quirúrgicas ambulatorias e intervenciones que precisan mucho menos tiempo de internamiento. En definitiva, al ratio de 4,6 camas por mil habitantes hay que añadir que el tipo de acciones terapéuticas siempre están orientadas a la reducción de las estancias hospitalarias.

6 Key Performance Indicators.

7 Cerca no significa obligatoriamente de forma física, sino que en muchas ocasiones la cercanía ha de estar más vinculada al conocimiento y debe estar muy pegada a la realidad.

8 Göran Dahlgren es investigador académico de la Universidad de Liverpool.

9 Margaret McRae Whitehead preside la cátedra W. H. Duncan en Salud Pública de la Universidad de Liverpool. Lidera el Centro Colaborador de Investigación Política sobre Determinantes Sociales de la Salud de la OMS.

10 WHO Healthy Cities.

11 Síncrona: en tiempo real, en ese preciso momento, muchas veces viéndose el paciente y el médico, aunque estén en lugares geográficos diferentes. Asíncrona: cuando el médico realiza la prestación en otro momento diferente a la presencia del paciente, como es el caso de las emisión de informes basados en la toma de imágenes o revisión de otro tipo de pruebas.

12 <www.psyciencia.com/como-un-banco-de-madera-en-zimbabwe-esta-comenzando-una-revolucion-en-salud-mental/>.

13 <https://youtu.be/ipVe-9UxFyA?si=_s5zCDzU72l97qlM>.

14 Anselm Grün, *De la felicidad en las pequeñas cosas*, Barcelona: Kairos, 2019.

15 El edadismo fue un término acuñado por Robert Butler en la década de los sesenta para referirse a los estereotipos y prejuicios existentes en relación con la edad.

6. La salud planetaria

1 Zygmunt Bauman, *Liquid Modernity*, Londres: Polity, 2000.

2 Producto Interior Bruto.

3 Índice de precios de consumo generado por el Instituto Nacional de Estadística del estado español que tiene como objetivo medir la evolución del nivel de precios de los bienes y servicios de consumo adquiridos por los hogares residentes en su territorio.

4 En: <https://www.ffomc.org/noticias/one-health-una-sola-salud>.

5 Convención-Marco de las Naciones Unidas sobre el Cambio Climático.

[6] Profesor de la Universidad de Georgia, Estados Unidos, y director del Centro de Ecología de Enfermedades Infecciosas.

[7] Andrew Haines, «Global warming and health», *British Medical Journal*, 1991, 302: 669.

[8] Andrew Haines y Chris Fuchs, «Potential Impacts on Health of Atmospheric Change», *Journal of Public Health Medicine*, vol. 13, n.º 2 (mayo 1991), págs. 69-80.

[9] Andrew Haines y M. Parry, «Climate change and human health», *Journal of the Royal Society of Medicine*, 86 (12), diciembre 1993, págs. 707-711

[10] Andrew Haines, Paul R. Epstein y Anthony J. McMichae, «Global health watch: monitoring impacts of environmental change», *The Lancet*, vol. 342, n.º 8885, 11 diciembre 1993, pp. 1464-1469

[11] A. J. McMichael, A. Haines, R. Slooff y S. Covets (eds.), *Climate change and Human Health. An assessment prepared by a Task Group on behalf of the World Health Organization, the World Matereological Organization and the United Nations Environmental Programme*. World Health Organization, Ginebra, 1996, <https://iris.who.int/bitstream/handle/10665/62989/WHO_EHG_96.7.pdf?isAllowed=y&sequence=1>.

[12] Richard Charles Horton es redactor-jefe de *The Lancet*, miembro del Royal College of Physicians, miembro de la Academia de Ciencias Médicas, profesor honorario de la London School of Hygiene & Tropical Medicine, University College London y profesor de la Universitetet i Oslo.

[13] Richard Horton, Robert Beaglehole, Ruth Bonita, John Raeburn, Martin McKee y Stig Wall, «From public to planetary health: a manifesto», *The Lancet*, vol. 383, n.º 9920, 8 de marzo de 2014.

[14] Sarah Whitmee, Andy Haines, Chris Beyrer, Frederick Boltz, Anthony G. Capon, Braulio Ferreira de Souza Dias, *et al.*, «Safeguarding human health in the Anthropocene epoch: report of The Rockefeller Foundation-*Lancet* Commission on planetary health», *The Lancet*, vol. 386, n.º 10007, pp. 1973-2028, 14 de noviembre de 2015 <https://www.thelancet.com/journals/lancet/article/PIIS0140-6736(15)60901-1/fulltext>.

[15] <https://www.planetaryhealthalliance.org/roadmap>.

[16] *Ibid.*

[17] *Ibid.*

[18] *Ibid.*

[19] <https://www.undp.org/publications/issue-brief-planetary-health>.

[20] Bélgica, 1882-1967.

[21] Mohandas Karamchand Gandhi (Porbandar, 2 de octubre de 1869-Nueva Delhi, 30 de enero de 1948) fue el dirigente más destacado del movimiento de independencia de la India contra el Raj británico, para lo que practicó la desobediencia civil no violenta. Además de pacifista, político, pensador y abo-

gado hinduista indio, recibió de Rabindranath Tagore el nombre honorífico de *mahatma* (composición en sánscrito e hindi de *mahā*, grande, y *ātmā*, alma).

7. SOSTENIBILIDAD DE LOS SISTEMAS SANITARIOS

[1] Real Decreto 1514/2007, de 16 de noviembre, por el que se aprueba el Plan General de Contabilidad, del Reino de España.

[2] <https://www.expansion.com/economia-para-todos/economia/que-es-la-inversion-y-de-que-depende.html>.

[3] En medicina, el *gold standard* (del inglés: patrón oro) o *test de referencia* es un término usado para calificar pruebas de diagnóstico o técnicas quirúrgicas que tengan la máxima fiabilidad cuando se diagnostica o trata una determinada enfermedad.

[4] Un Hospital Verde cumple unos elevados estándares de sostenibilidad medioambiental certificados por organismos acreditadores.

[5] Según el Ministerio de Sanidad español.

[6] Fuente: Banco Mundial
Gasto Corriente en Salud. % del PIB: <https://datos.bancomundial.org/indicator/SH.XPD.CHEX.GD.ZS>.
Gasto de Bolsillo % del GCS: <https://datos.bancomundial.org/indicator/SH.XPD.OOPC.CH.ZS>.
Gasto sanitario del gobierno general nacional % del GCS: <https://datos.bancomundial.org/indicator/SH.XPD.GHED.CH.ZS>.

[7] *Ibid.*

[8] *Ibid.*

[9] *Ibid.*

[10] *Ibid.*

[11] *Ibid.*

[12] *Ibid.*

[13] *Ibid.*

[14] Fuente: Organización Mundial de la Salud: <https://apps.who.int/nha/database>.

[15] El año de vida ajustado por calidad (AVAC) es una medida usada en el campo de la economía sanitaria. Expresa el número de años adicionales que vive una persona como resultado de un tratamiento, teniendo en cuenta además la calidad de vida de esos años.

[16] Aportaciones al diagnóstico sobre el SNS español para un Pacto por la Sanidad. Asociación de Economía de la Salud, Barcelona, diciembre de 2008.

[17] Albert Ledesma Castelltort, «¿Autogestión o autonomía de gestión? Informe SESPAS 2012», *Gaceta Sanitaria* 2012; 26 (S1), págs. 57-62. Disponible en: <https://www.sciencedirect.com/science/article/pii/S0213911111003918>.

8. La felicidad en el cuidar

[1]   Brooklyn, Nueva York; 1 de abril de 1908-Menlo Park, California; 8 de junio de 1970.

[2]   Wikipedia.

Esta edición, primera, de *Ubuntu*,
se terminó de imprimir
en Casarrubuelos (Madrid),
en los talleres de Gómez Aparicio,
el 17 de noviembre de 2024.